1000年以上つづく例大祭

# くらやみ祭ってナンだ？

かぶらぎみなこ

「くらやみ祭」という、
ちょっと独特なネーミングの祭を
ご存知でしょうか？

「くらやみ祭」という、ちょっと独特なネーミングの祭をご存知でしょうか？

これは東京都府中市にある大國魂神社の例大祭の名称です。長年に渡り遂行されてきた、非常に歴史と伝統がある祭で東京都指定無形民俗文化財としての価値も備えています。

近年は観光客も増え、テレビでも全国に向けて放映されるなど、たくさんの方々に注目されてきています。

しかし、同時に「祭は見に行くけれど、詳細についてはよく知らない」とか「知りたいけれど、今さら聞きにくい」という声を耳にする機会が増えてきました。

そのような経緯を踏まえたある日、不意に「祭をイラストで表現できたら、情報や魅力が伝わりやすいのではないか」と思い立ち、この本の制作を試みた次第です。

ある方は、くらやみ祭を「府中の人にとってのアイデンティティー」と称していました。たしかに地元の祭を知ることは、その街の歴史の変遷や、祭を維持してきた方々の努力の営みを知ることにも繋がります。同時にその土地ならではの、文化や人情なども垣間見ることができるのです。

本書をお読みになった後、より一層くらやみ祭や、府中の街の人々に親しみを感じていただけましたら、嬉しく思います。

# 目次

## 第3幕　くらやみ祭に関わる人々　49

## Column

### 深読み豆知識

（注１）実際に着用する袢纏は、通常は衿を合わせて帯を締める姿が正式ですが、作中では衿の部分の文字や柄のデザインをわかりやすくするため、あえて衿を合わせず、羽織るスタイルで描かれている箇所があります。同時に烏帽子や袢纏、提灯等に用いられている文字も、通常は筆で太く描かれていますが、作中では読みやすさを優先しているため、あえて細めの線などで描いています。実際に目にする物と若干違いがある場合もありますが、その旨はご了承ください。
（注２）基本的に祭自体は伝承・口承で受け継がれているため、地域や人々によって様々なご意見やご意向が生じると思います。本書は基本的に既存の文献や、独自の取材を通じて得た情報を基に作成しております。内容や表現方法に関しては、ご理解頂けましたら幸いです。
（注３）記載している各神事や行事の時刻は、年によって変更することがあります。
（注４）本書の情報は２０１８年の調査終了時までのものです。

読み方に特徴がある名称

| 名称 | 意味 |
|---|---|
| 京所（きょうづ・きょうず） | 地名。神社の東側の地域。 |
| 屋敷分（やしきぶん） | 地名。昔、官人の屋敷があったといわれる地域。 |
| 新宿（しんしゅく） | 地名。神社の東側の地域。 |
| 番場（ばんば） | 地名。神社の西側の地域。 |
| 明神（みょうじん） | 神様を尊んでいう言葉。番場青年会の袢纏などに使われている。 |
| 神戸（ごうど） | 地名。神社の西側の地域。 |
| 八幡宿（はちまんしゅく） | 地名。神社の東側の地域。現在の八幡町。 |
| 常久（つねひさ） | 地名。神社から見て東方の地域。 |
| 是政（これまさ） | 地名。神社から見て南方の地域。この地を開墾した戦国時代の領主・井田是政の人名が由来。 |
| 御本社（ごほんしゃ） | 大國魂神社の主祭神（主として祀られている神）である大國魂大神（おおくにたまのおおかみ）のこと。 |
| 先拂（さきばらい） | 御先拂（御先祓）の略字。旧字体。御先拂太鼓に従事する方の烏帽子などに見られる文字。 |

# 第１幕
# 絵で見てわかる「くらやみ祭」

くらやみ祭は、１０００年以上続く祭です。そんな歴史ある祭が、どのようにして今日まで受け継がれているのかを、イラストで見ていくことにしましょう。また現在のくらやみ祭は、１週間にたくさんの神事、行事が行われます。ここでは、くらやみ祭の概要をダイジェストでご紹介していきます。

# くらやみ祭とは

東京都府中市にある
大國魂神社《おおくにたまじんじゃ》。
「くらやみ祭」は
そこで毎年行われている
例大祭の通称です。

例大祭とは、
神社の多くの行事の中で
最も重要な神事を指します。

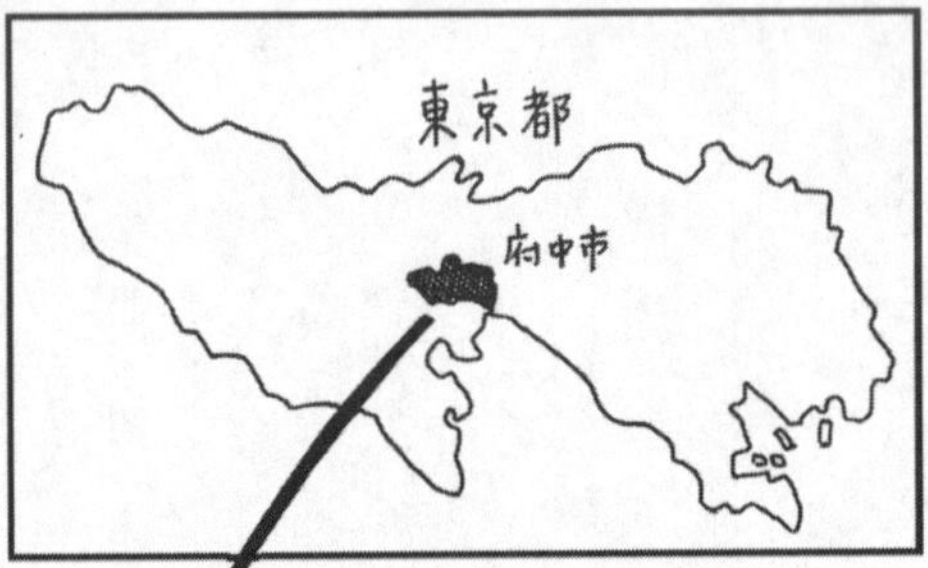


大國魂神社は
府中市のほぼ中心に
位置している大きな神社です。

お囃子《はやし》
屋台
神輿《みこし》渡御《とぎょ》
植木市
神楽舞《かぐらまい》
大太鼓の響宴
競馬式《こまくらべ》
万灯《まんどう》大会
こども神輿

祭は4月30日～5月6日の
早朝にかけて行われ、
特に5月3日～5日の3日間は
たくさんの神事や行事が催されたり、
屋台が出店したりと大変賑やかです。

中でも一番のクライマックスは
八基の神輿を担いで巡行する
神輿渡御です。
（5月5日～6日）

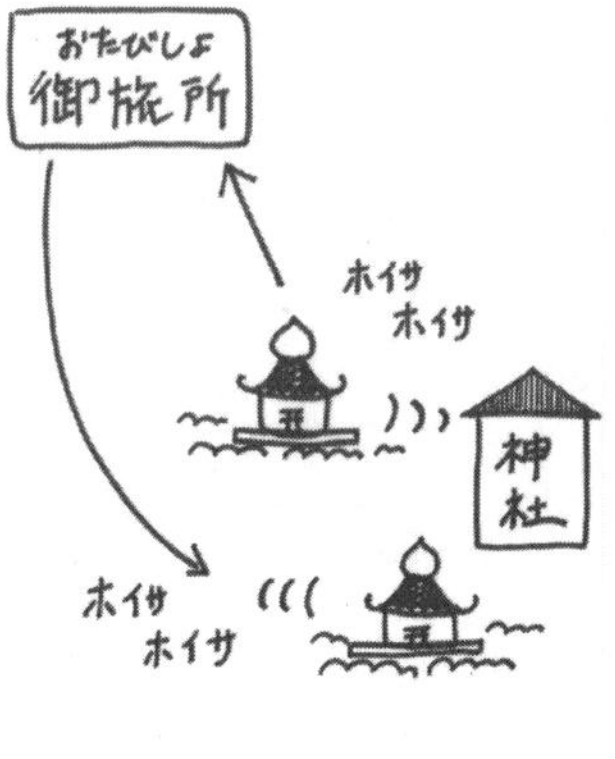
御旅所《おたびしょ》
ホイサ
ホイサ
神社
ホイサ
ホイサ

お祭の期間が
一週間と長いことも
珍しいです。

本書ではそんな
くらやみ祭の魅力を
たくさんの
イラストと共に
お伝えします。

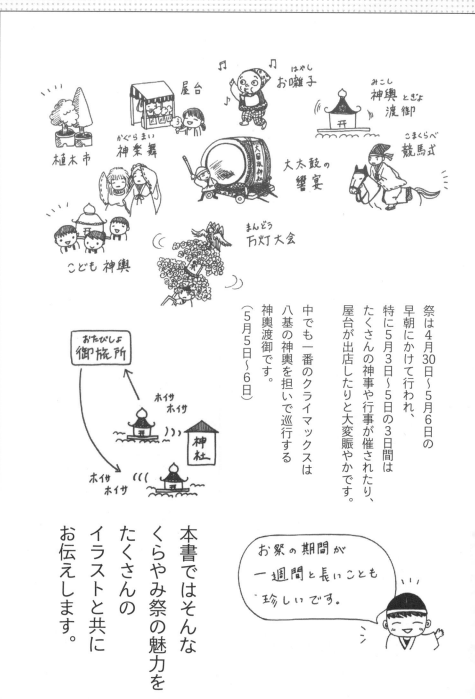

1
大國魂神社は
武蔵国の主だった六つの神社
(の神様)を、分祀して合祀
した神社です
合祀
合わせる
神
大國魂神社
分祀
ひとつの
神社
分ける
なので
六社明神や
六所宮(六社宮)とも
言われています
六社なのは六合《りくごう》思想から…とも。
よし
東西南北と天地の
六方位を収めれば
全ての地域を収められる!
と、言う考え方。
国府の守護神として
神様に集まって
もらいました
国司《こくし》
2
その後、徳川幕府などの
覚えめでたく発展
武士が
信仰
ここは良い馬も
多い土地だな
神社に500石
寄進しよう
500石!!
当時の値で、おおよそ
1000人以上が1年ぐらい
食べていけるほどこし!!
(諸説あります)
3
幕府の保護により
五街道なども整備され
宿場町として繁栄!
町人が力をつけて
いきました
めきめき
宿
4
「くらやみ祭」と言う名称は、
真夜中に神輿がお出ましになった事から
呼ばれるようになりました。
オイデ
しーん
対
オカエリ
エイエイ
ワイワイ
当時の祭では
オイデとオカエリの
対比がすごく
鮮やかだったと
言われてます

5
しかしまさかの
徳川幕府崩壊!!
さっ
徳川の保護なんて受けちゃってさ
ああっ
500石
ひややか〜
明治政府（イメージ）
500石が!!
500石の社領返還
6
どうしよう……
どーん
経済的基盤を失う
増えた神職
神社だけでは大変なので――
そこで……
協力して祭りを盛り上げましょう!!
7
神社と町内が一緒に祭りを行う事に!
神社
町人（町内）＝氏子
8
しかし……次第に祭りは盛大になったのはいいとして、夜中なのでけんかも絶えず。
うちの方がおみこしがでかい
うちは太鼓がでかい
△え宮
回え宮
わーっ
わー
わーわー
けいさつ
なんだとっ
やるかっ
町内ごとにまとまりなくてバラバラじゃないか!!
しかもけんか!!
けんか!
またけんか!
けんか祭かっ!!
9
そこで「大祭委員制度」を設けて責任者を決め、「安全かつ盛大」に「やる人も見る人も楽しめる祭」が開催できる様にしました。
びしっ
大祭委員
神輿担ぐなら白丁着て!!
わーっ
いきなり参加したーい
ササラでけんかしない
ルール守ってね
NG
10
以上、くらやみ祭の流れを個人的見解でまとめてみました。
文献
もしかしたらこんな感じかな

# くらやみ祭関係図

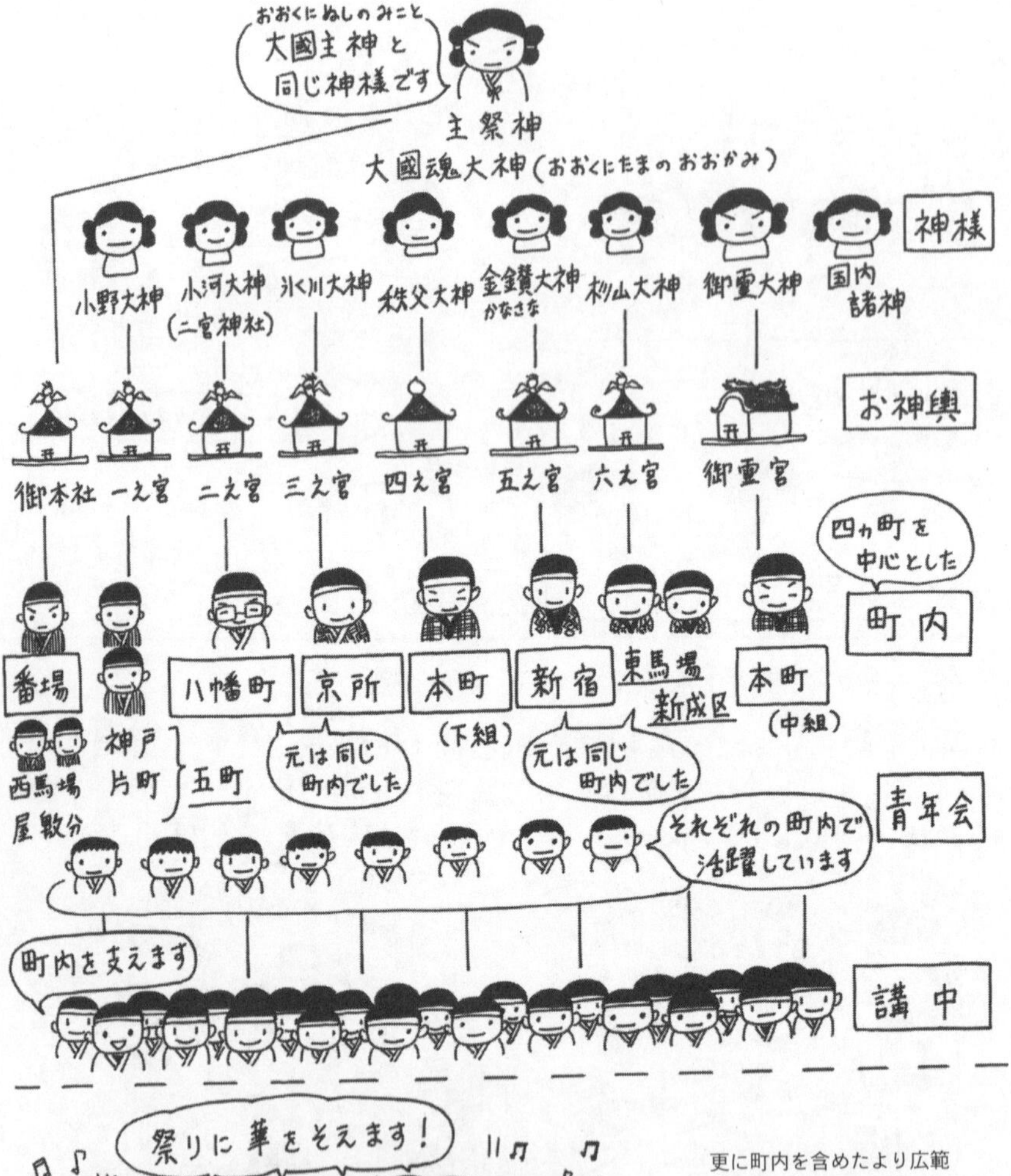


更に町内を含めたより広範囲のエリアによるお囃子や山車の方々も。(24支部)

## たくさんの人々が、祭を支えています

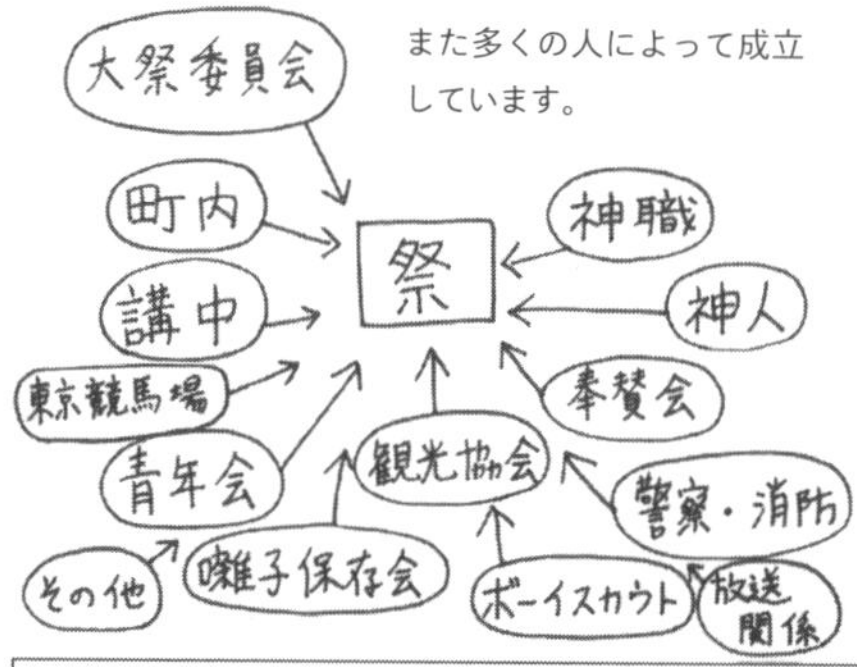


また多くの人によって成立しています。

祭はこの2つに大別できます。

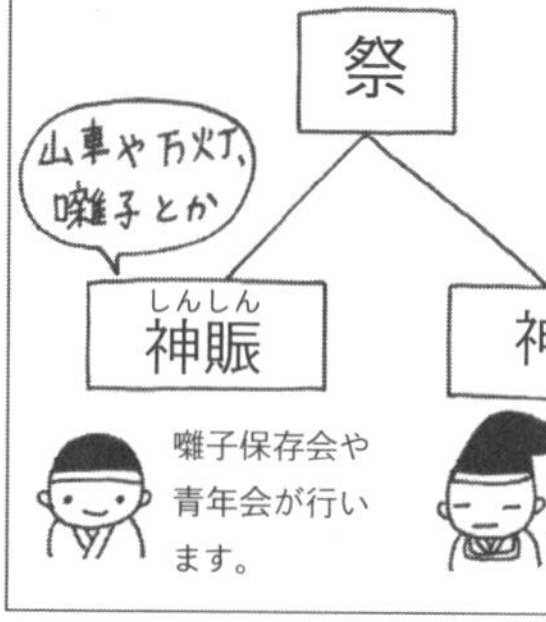


## 太鼓関係図

太鼓は神輿の先について これから神輿が通ることを知らせ、魔を払う役割をします。これを「御先払い」といいます。

※「御先払い」は「御先拂」とも表記します。

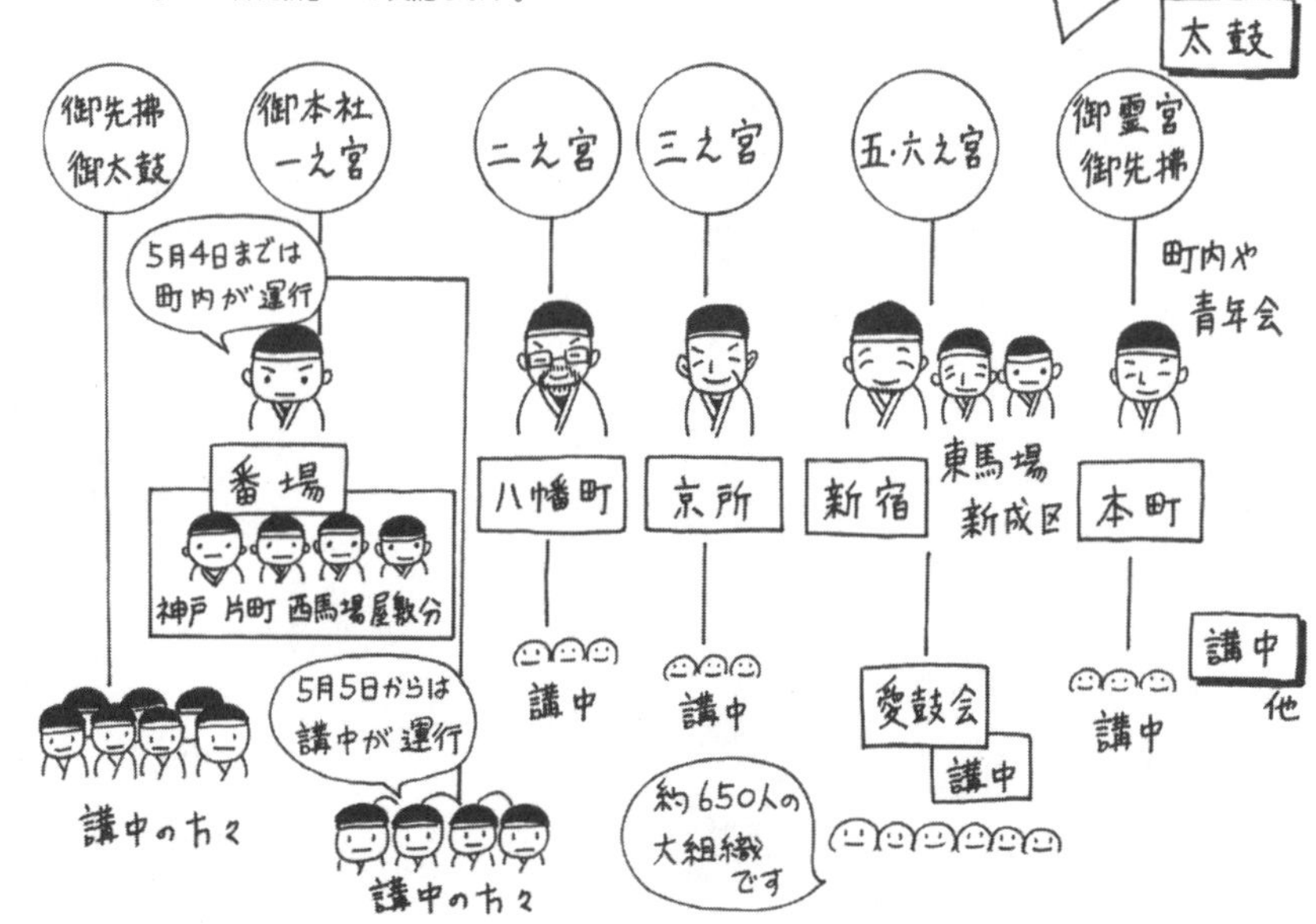

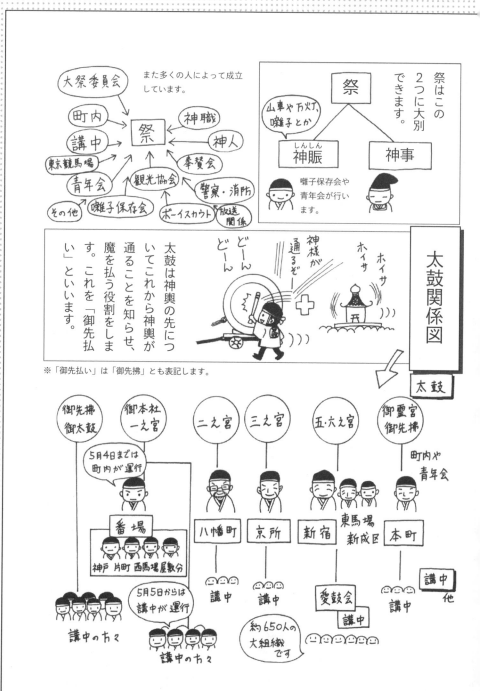

# 神輿と太鼓の早わかり町内担当図

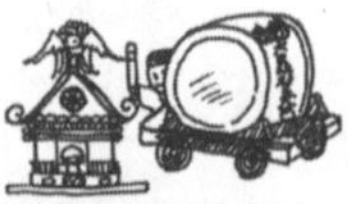

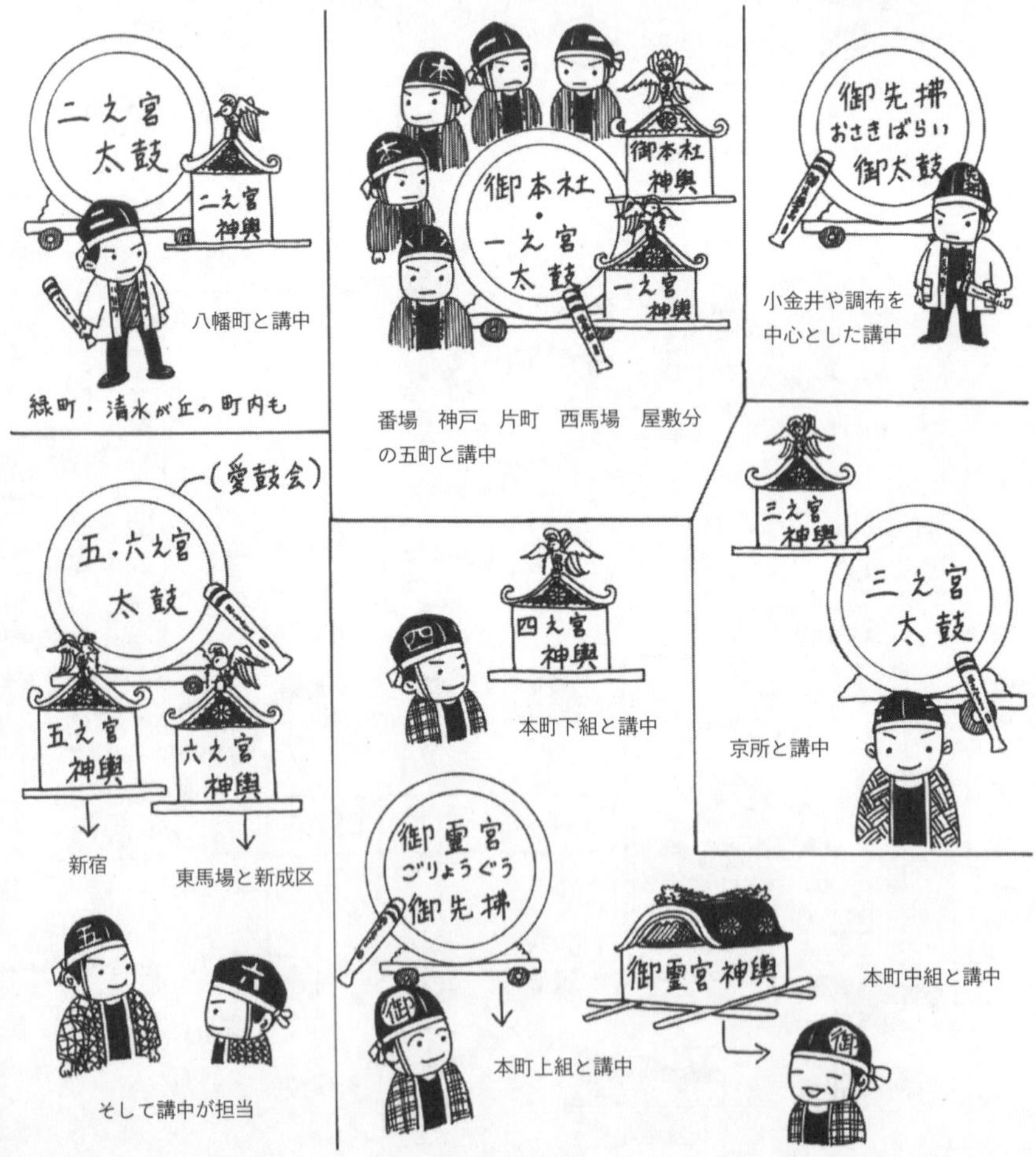

二え宮
太鼓
二え宮
神輿
八幡町と講中
緑町・清水が丘の町内も
御本社
神輿
御本社・一え宮
太鼓
一え宮
神輿
番場　神戸　片町　西馬場　屋敷分
の五町と講中
御先拂《おさきばらい》
御太鼓
小金井や調布を
中心とした講中
(愛鼓会)
五・六え宮
太鼓
五え宮
神輿
六え宮
神輿
新宿
東馬場と新成区
そして講中が担当
四え宮
神輿
本町下組と講中
三え宮
神輿
三え宮
太鼓
京所と講中
御靈宮《ごりょうぐう》
御先拂
本町上組と講中
御靈宮神輿
本町中組と講中

## 日付ごとの神事と行事スケジュール

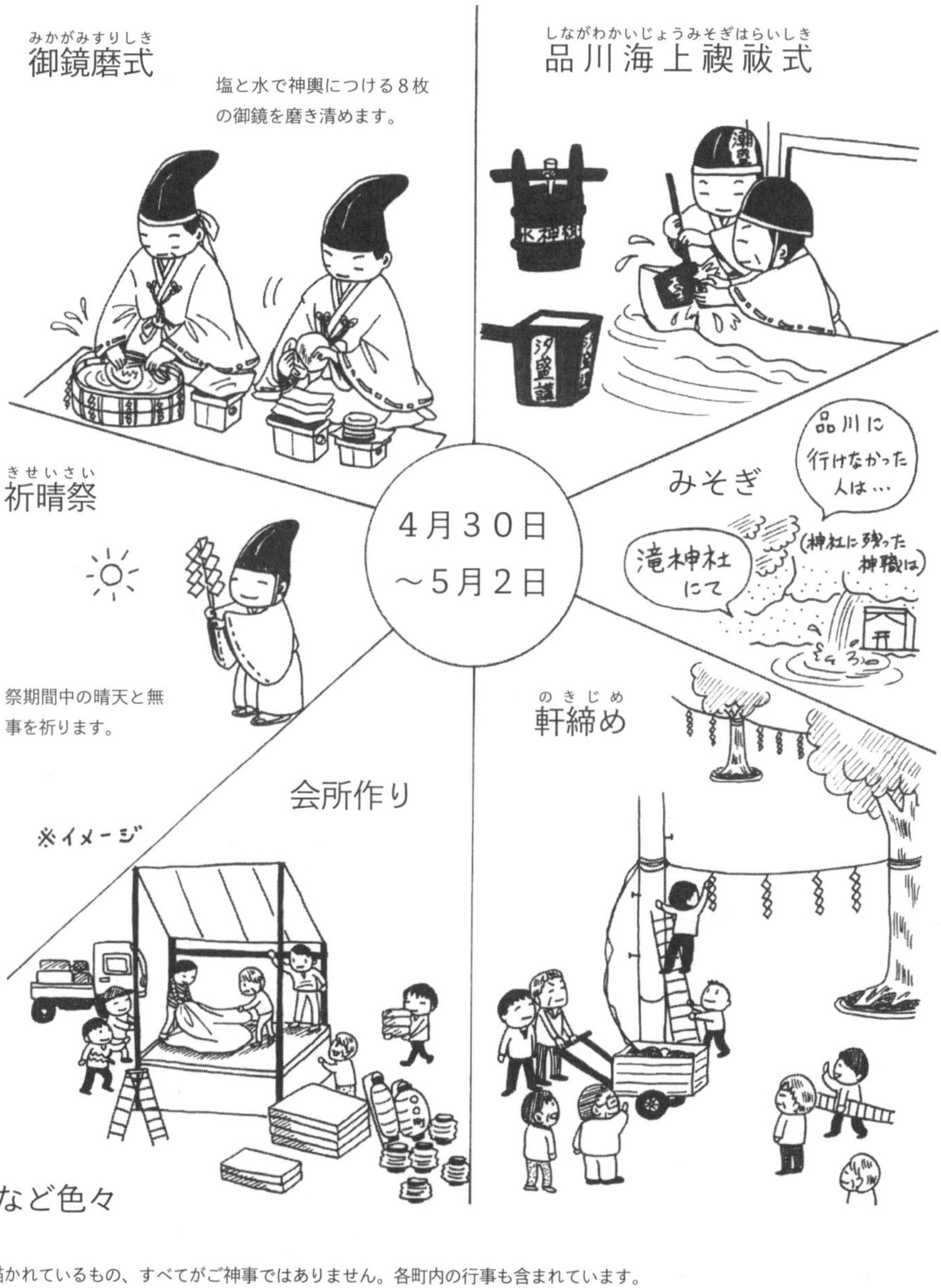
御鏡磨式《みかがみすりしき》
塩と水で神輿につける８枚の御鏡を磨き清めます。
品川海上禊祓式《しながわかいじょうみそぎはらいしき》
みそぎ
品川に行けなかった人は…
滝神社にて
(神社に残った神職は)
祈晴祭《きせいさい》
祭期間中の晴天と無事を祈ります。
4月30日
～5月2日
軒締め《のきじめ》
会所作り
※イメージ
など色々

注：描かれているもの、すべてがご神事ではありません。各町内の行事も含まれています。

## 会所開き（一例）

※会所によって日付は異なります

## 早朝、宝物殿から神輿と太鼓を搬出

「宮出し」とか「蔵出し」という人もいます。
時間・順番を決めて行います。

# 5月3日

## 様々な屋台や植木市

## 囃子《はやし》の競演

## 競馬式《こまくらべ》

## 武蔵国府太鼓の演奏

※くらやみ祭の正式な行事ではありませんが、
精悍で迫力ある光景です。

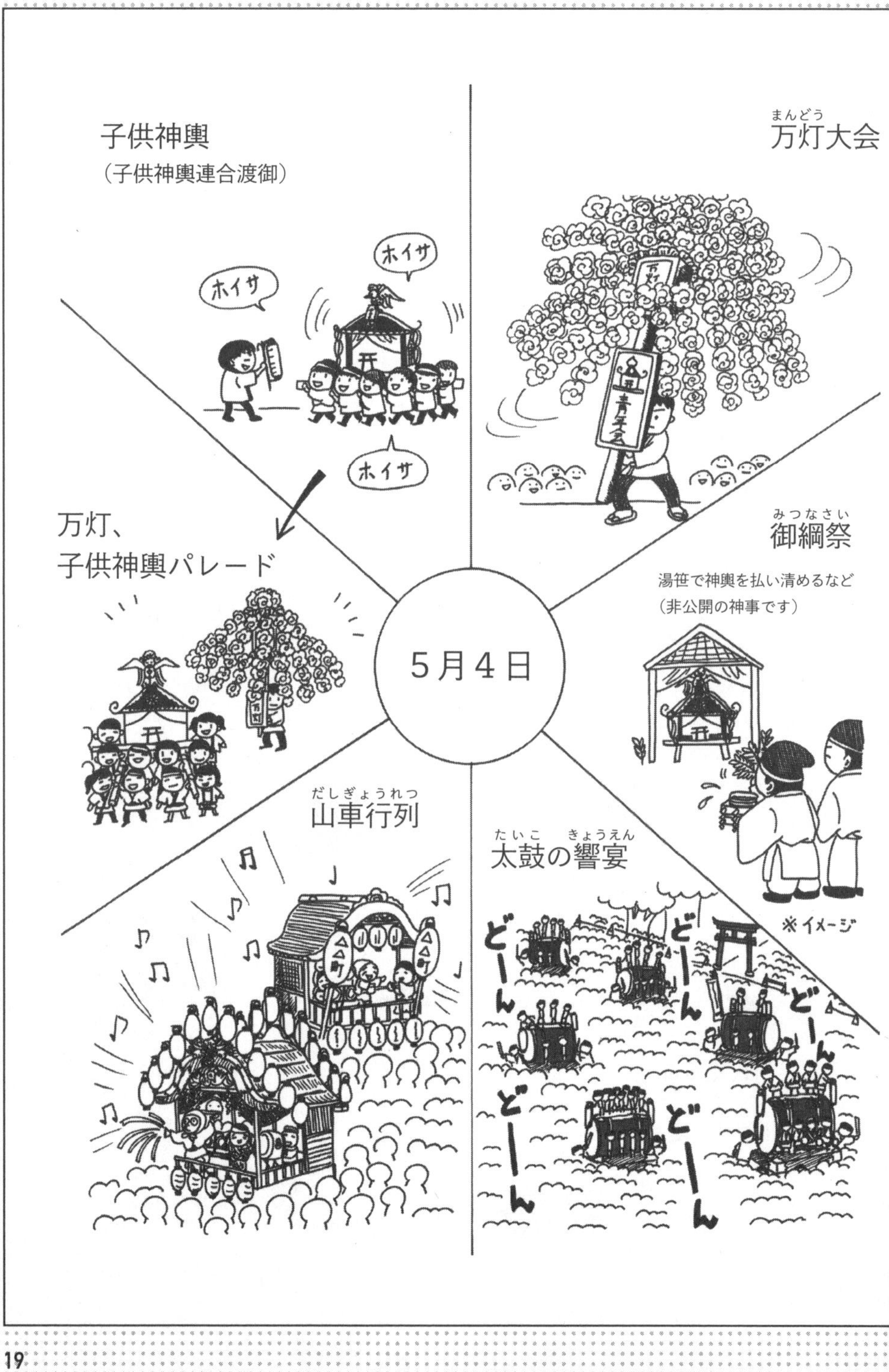
子供神輿
（子供神輿連合渡御）
ホイサ
ホイサ
ホイサ
万灯《まんどう》大会
御綱祭《みつなさい》
湯笹で神輿を払い清めるなど
（非公開の神事です）
※イメージ
万灯、
子供神輿パレード
5月4日
山車行列《だしぎょうれつ》
太鼓《たいこ》の饗宴《きょうえん》
どーん
どーん
どーん
どーん
どーん

例大祭《れいたいさい》(非公開)
太鼓の町内巡り
宮乃咩神社奉幣《みやのめじんじゃほうへい》
道清《みちきよ》めの儀
神輿お差し込み
御饌催促《みけさいそく》の儀
太鼓送り込み
御饌《みけ》長持ち
送り込み
御神馬《ごじんめ》送り込み
御饌
花火役送り込み
花火
5月5日
汐盛講《しおもりこう》送り込み
御本社・一之宮
太鼓講中引渡し儀式
動座祭《どうざさい》(非公開)
神幸威儀物《しんこういぎぶつ》行列
神楽舞《かぐらまい》
神輿発御《みこしはつぎょ》(オイデ)
坪宮《つぼのみや》神事
(国造代奉幣式)
坪宮
野口仮屋《のぐちかりや》の儀
流鏑馬式《やぶさめしき》
……など色々

# 5月６日

## 鎮座祭《ちんざさい》

御神体を本殿に還す大祭最後の大きな神事です。

## 蟇目神事《ひきめしんじ》
（非公開）

四方に向かって矢を放ちます。射る時の高い音で魔を威嚇し退散させます。

## 鉢洗《はちあら》い

昔は公会堂や大きな家にみんなで集まり、お鉢（皿）料理を持ち寄って食べ終わった後に洗って返したとか、または祭礼の後、お供えなどを盛った器（鉢）を洗って片付けた、などが言葉の由来のようです。

鉢（頭）を洗って気分を一新させる意味だという人もいます。

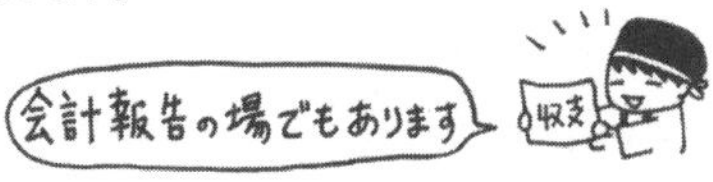


## 神輿還御《みこしかんぎょ》（オカエリ）

御旅所の仮屋や、会所の片づけなどを行います。

神輿と太鼓を宝物殿に格納します。

# 大國魂神社《おおくにたまじんじゃ》配置図

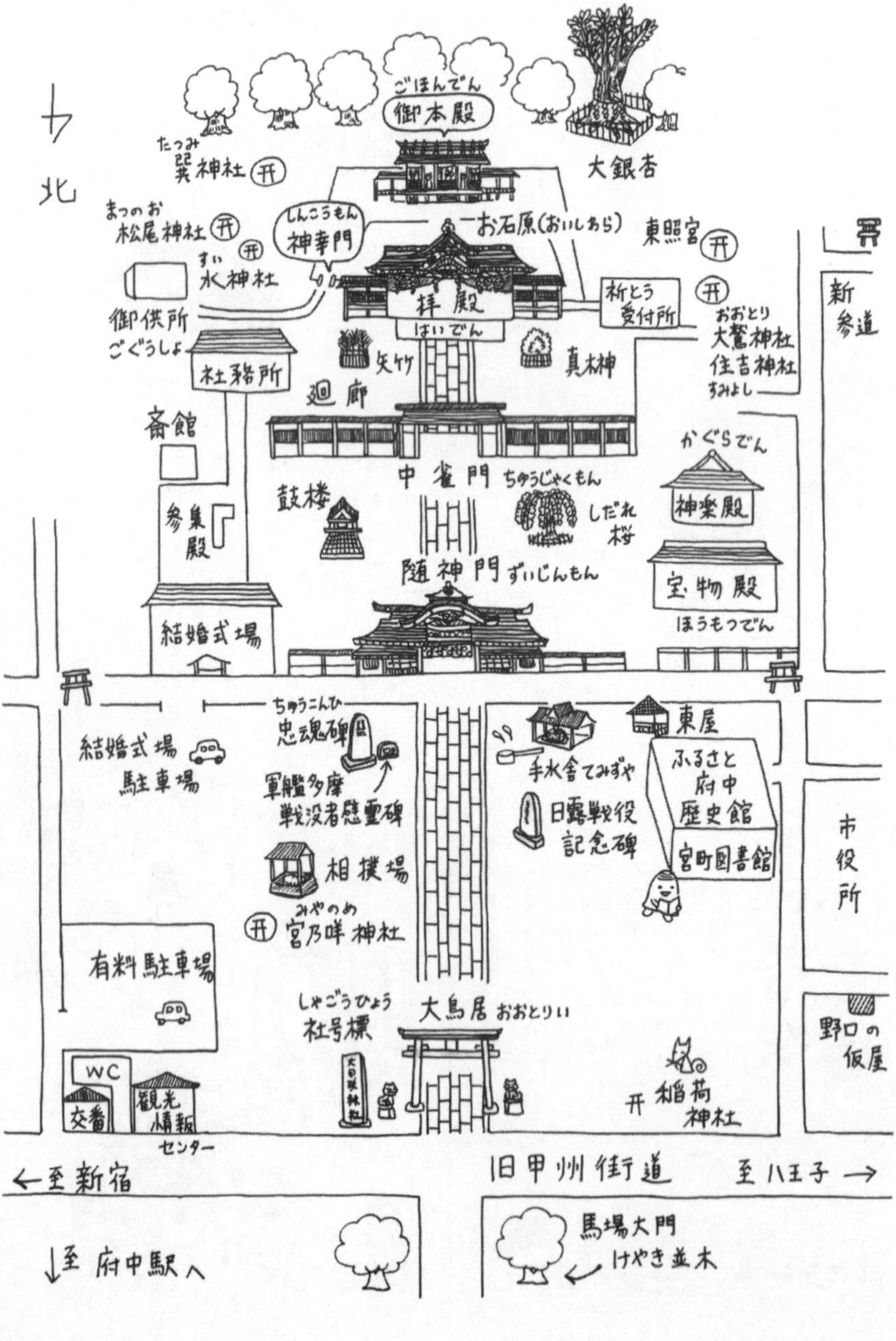

御本殿は珍しい北向きです。
源頼義が東北地方を神威によって治めるために北向きにしたという伝承もあります。

大銀杏。樹齢千年ともいわれています。

5月5日御霊遷の儀が行われる場所です。

この辺りで御饌催促の儀が行われます。
（神様にお供えする食事を調理する場所です）

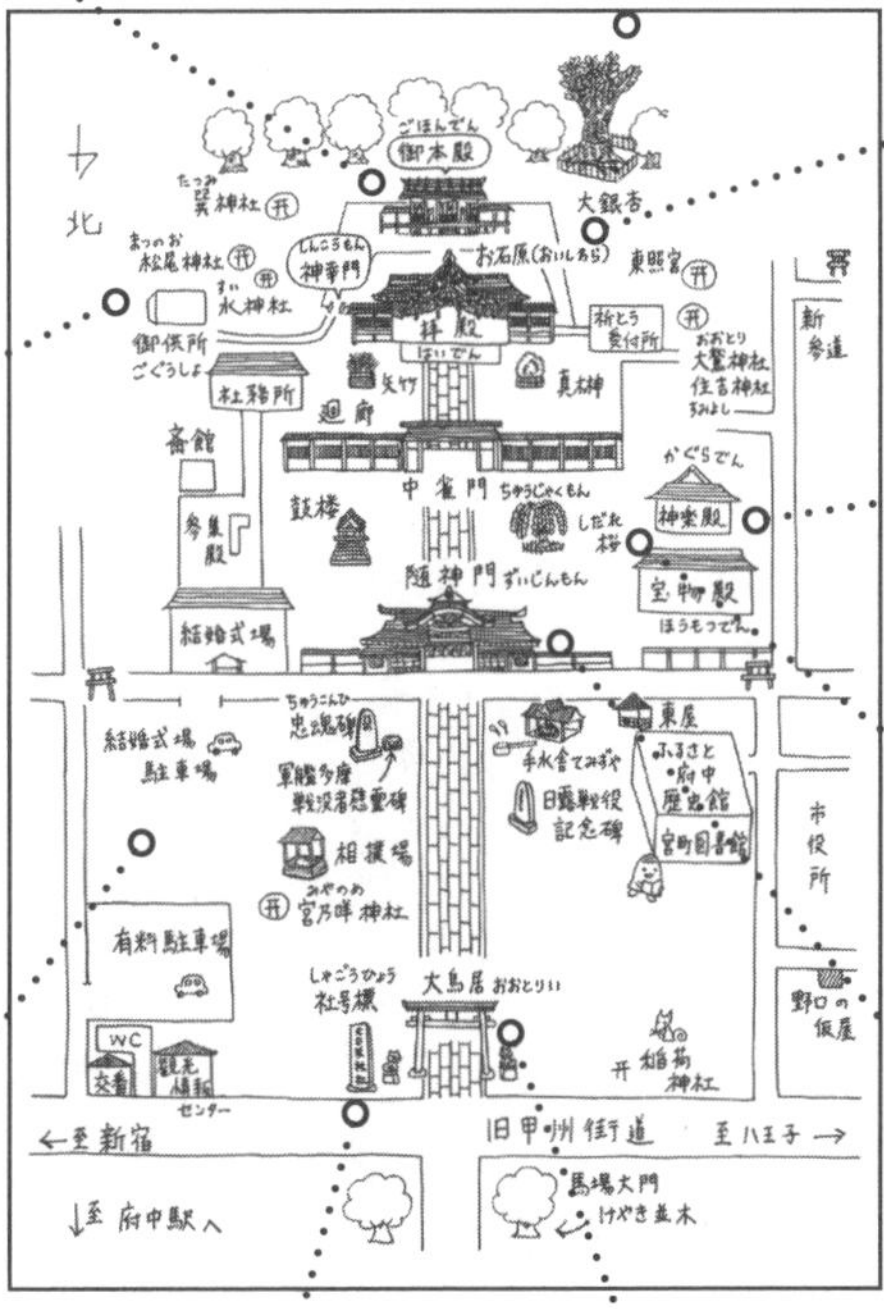


御神楽の奉納があります。

５月４日に万灯大会が行われます。

随神門は
平成 23 年に
改築されました。

くらやみ祭の期間中、関東一と言われる大規模な植木市が開催されます。

社号標には飾り文字が描かれています。

御影石では日本一と言われている大鳥居です。

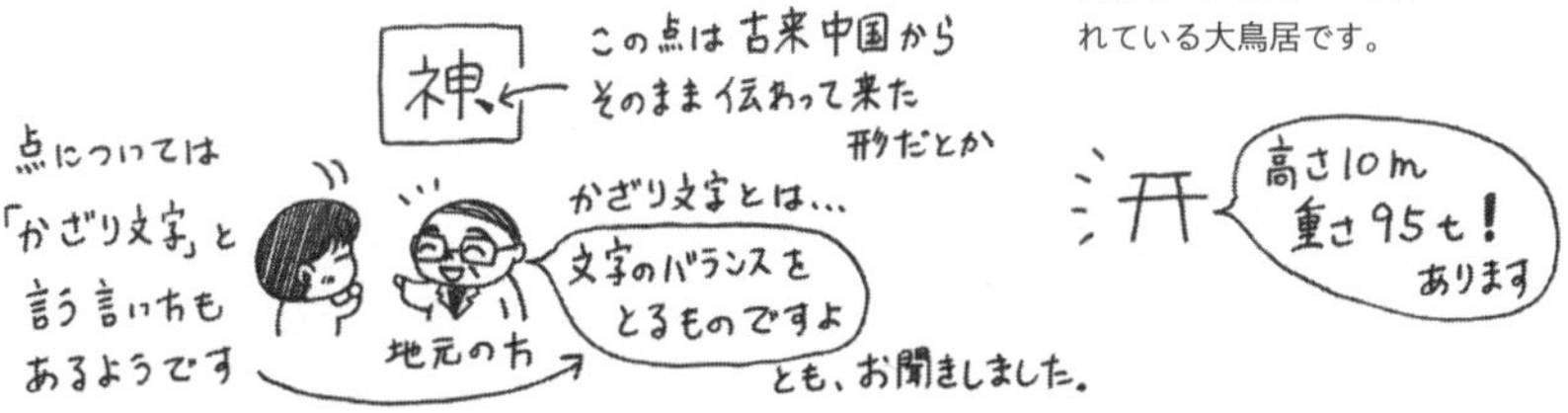

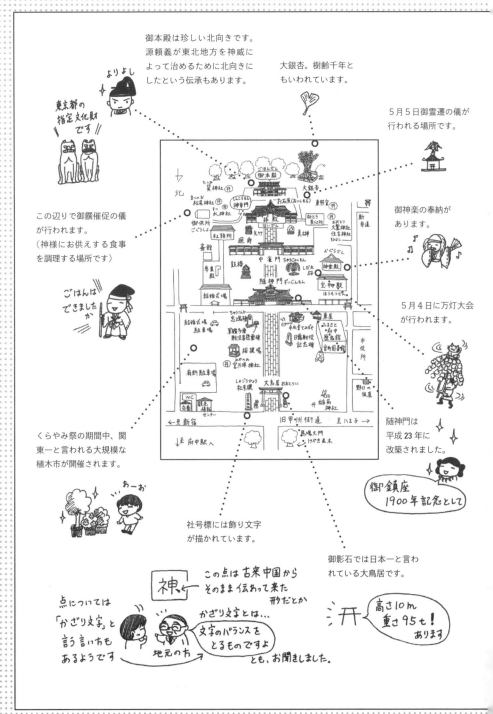

**Column**

**深読み豆知識①**

# 四カ町《しかちょう》ってなんだろう？

くらやみ祭は神社と町内の協力によって
成り立っています。
その町内の中心になっているのが、
府中四カ町（四ヶ町）です。
府中四カ町とは、
旧宿場町と旧神領地だった
4つのエリアを指し、
本町《ほんまち》、番場《ばんば》、新宿《しんしゅく》、八幡宿《はちまんしゅく》
があります。
各町内の方は、
それぞれの土地に
強い誇りを持っていて、
時には他の町内と
競い合いながら、
祭を活気あふれる、
盛大な行事へと
発展させてきました。

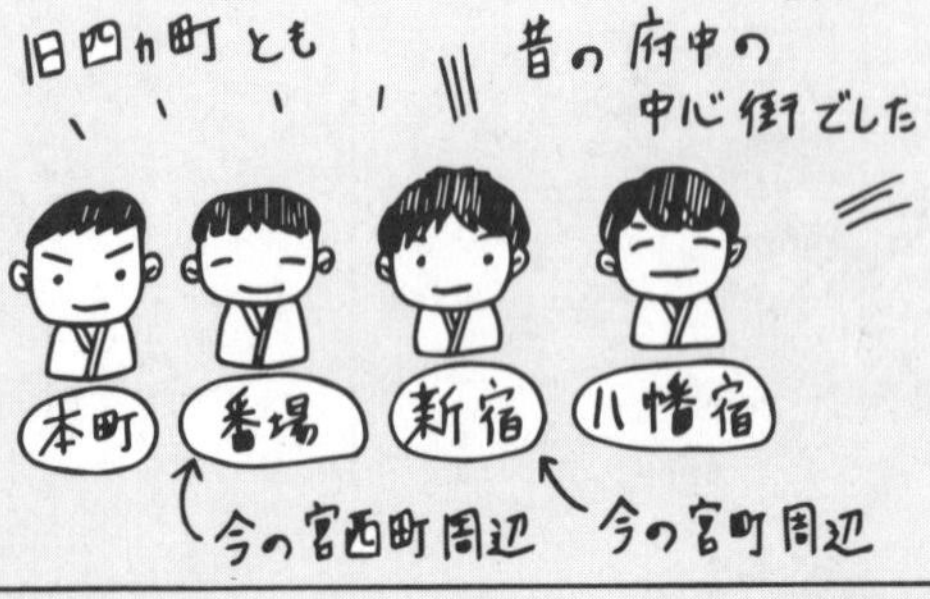
旧四ヵ町とも
昔の府中の
中心街でした
本町
番場
新宿
八幡宿
今の宮西町周辺
今の宮町周辺

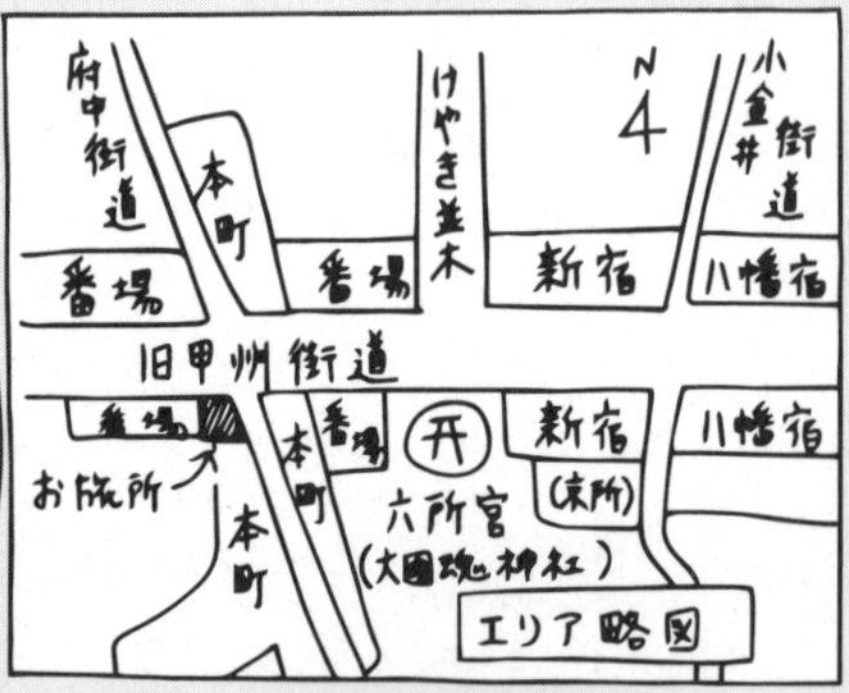
N
府中街道
けやき並木
小金井街道
本町
番場
番場
新宿
八幡宿
旧甲州街道
番場
お旅所
本町
番場
本町
新宿
八幡宿
六所宮
（大國魂神社）
エリア略図

※エリアの区分は年代によって多少違いがあります。

宿
宿

江戸時代、府中は
甲州街道の宿場町でした。
そのため多くの人や物資が集まり
このエリアは地域の中心として
発展していきました。

明治五年には
宿場制度は廃止されましたが
それ以降もこのエリアは
府中市の発展の
中核となると共に
大國魂神社の氏子として
祭礼組織の中心も担っています。

なお
例大祭の実施要項書にも
「氏子に係るご神事の
斎行は（中略）
旧四カ町（中略）が
責任を持って協力奉仕する」
と、書いてあります。

と、書いて
あります
現代も通用する通称です

# 第2幕 もっと知りたい神事いろいろ

くらやみ祭では数々の神事が行われます。神事とは神を祀る儀式のことで、くらやみ祭の数ある催し物の中でも中核を成す行事です。その意味や内容がわかると、祭を一層楽しく見ることができます。神事は専門用語が多く、日常であまり馴染みがない事柄もありますが、ここではイラストを用いて分かりやすく読み解いていきます。

# 競馬式《こまくらべ》

府中は国司の時代より、良質な駿馬を産出してきました。5月3日の20時頃から行われる競馬式は、その歴史を今に伝える儀式です。献上する馬を選ぶことが目的の儀式だったので競走はしません。当日は、六頭の御神馬が旧甲州街道を三往復します。

騎手を務めるのは、東京競馬場（日本中央競馬会）の職員である乗馬のエキスパートや大学の馬術部の部員などです。（神主さんではありません）

衣装は古式にのっとり
烏帽子(えぼし)と
直垂(ひたたれ)姿
警備担当は
各町内の役員さん など

競馬式で使用するムチは
当日の朝、神職の方々が
手作りしています。

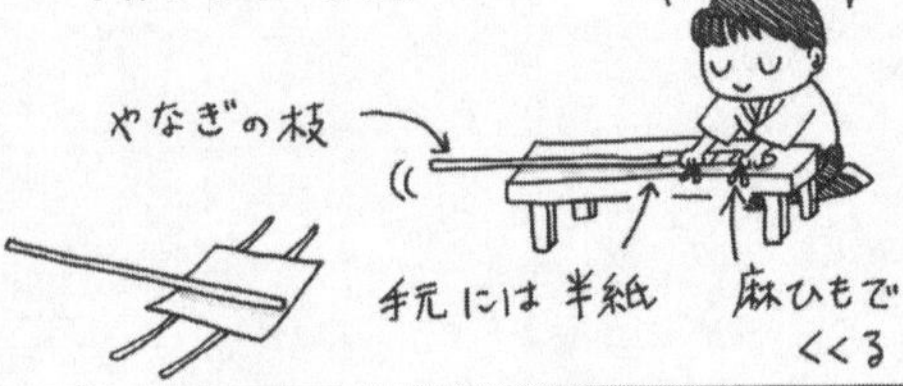
くるくる
やなぎの枝
手元には 半紙
麻ひもで
くくる

## お駒《こま》と各宮の関係

一之駒・・・二之宮
二之駒・・・五・六之宮
三之駒・・・御本社
四之駒・・・四之宮
五之駒・・・三之宮
六之駒・・・一之宮

やだー
わー
わー

馬は人混みに
驚いてしまうことも。
なのでフラッシュ撮影や
大声での声援は
お控え下さい。

ガードしてる町内の方々も
命がけね…
大丈夫かしら
あぁっ!!

馬を迎えに行く
お世話役の方は
神社から貸与された烏帽子と
黄色い腕章をつけます。

四之駒
大國魂神社
警備

競馬式は東京競馬場で
飼育している
馬を借りて行われます。
昔は個人の家で
飼育されていた馬を
使っていましたが、
現在では馬を飼っている
家がないためです。
馬（お駒）は各町内の
方々が当日の夕方に
東京競馬場まで
迎えに行きます。

ぞろ
ぞろ
町内の役員さん
馬のお世話役
町内の警固役など

大半の町内は、
東京競馬場から
直に競馬式の会場まで
馬を連れて
行きますが……

てくてく
こまくらべ
競馬式
会場
（旧甲州街道）
東京
競馬場

かつて馬を
借りていた
家に敬意を表し、
御本社（三之駒）
の様に
屋敷分の伊藤家に
人も馬も
集まってから
会場に向かったり、

伊藤家
伊藤家は昔牧場で、ずっと
御本社はそこの馬を借りていたので
今でも敬意を表して…の事だとか
※諸説あります

永井家の裏には昔、馬小屋があり
近隣はそこから馬を借りていた為

本町（四之駒）の様に
矢崎町の永井家を
経由してから
会場に向かうなど、
各町内で多少方法が
異なります。

# 道《みち》清《きよ》めの儀

神輿が渡御（通過）する道筋を、ササラで叩きながら払い清める儀式です。地面を叩くことで、地中の悪霊を払うといわれています。5月5日の12時半頃、神輿渡御の前に行われ、新宿町を中心とした100名以上が参加する盛大な大行列です。神路清浄ともいわれます。

音頭をとる人
四つに先が割れている、五尺ほどの青竹の棒（ササラ）
青年会と書かれた提灯
金棒数名
「神路清浄」と書かれた高張提灯
神路清浄
警固役（行事など）
総代
道清めは六之宮の方々がお手伝で入る事も

ササラ行列の後には、神社の職員である神職、神職に準じて祭に仕える神人《しんじん》祭の運営を行う、大祭委員の方々が続きます。

## 潮水振り

潮水を笹で撒きながら道を清めます。この潮水は４月３０日に品川海上で汲んできたものです。桶に入れて三方に乗せています。

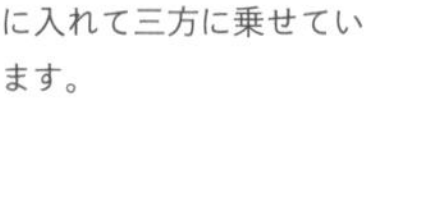

先導役を務める福島家は、道清めの儀を新宿町が引き受けた当時に町内に住んでいた福島宗平氏の所縁の方々。新宿町がこの神事を担当するのは、このためです。

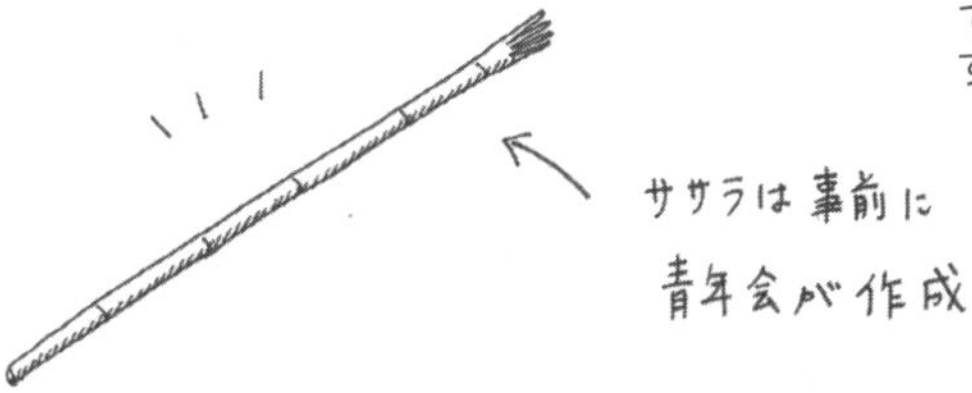

# 宮乃咩《みやのめ》神社奉幣《ほうへい》

奉幣とは、神様に幣帛《へいはく》（お供え物）を捧げることで、5月5日の14時頃、宮乃咩神社へ神職が奉幣のため参拝します。

ボーイスカウト
神職
社務所の方
しゃんこ
しゃんこ

大國魂神社境内にある宮乃咩神社は古代国府の国庁跡を記念するために祀られた社との説があります。

領域を守る国衙関連の寺社の1つだったらしいです。

それはなぜか？
古い時代の国府・国司を尊重する意義ではないか。
とか
神輿渡御の前にごあいさつ
文献
昔は「コメヤド様」とも呼ばれていて本来は神社の穀物倉庫だった場所なんですよ。
地元の方
とか
穀物倉庫はすごく大事!!
だから格のある大事な神社なんです!
諸説あり。


御本社は渡御の際、この神社の前でいったん神輿を下し、皆で参拝する伝統があります。

パンパン
大事な神社


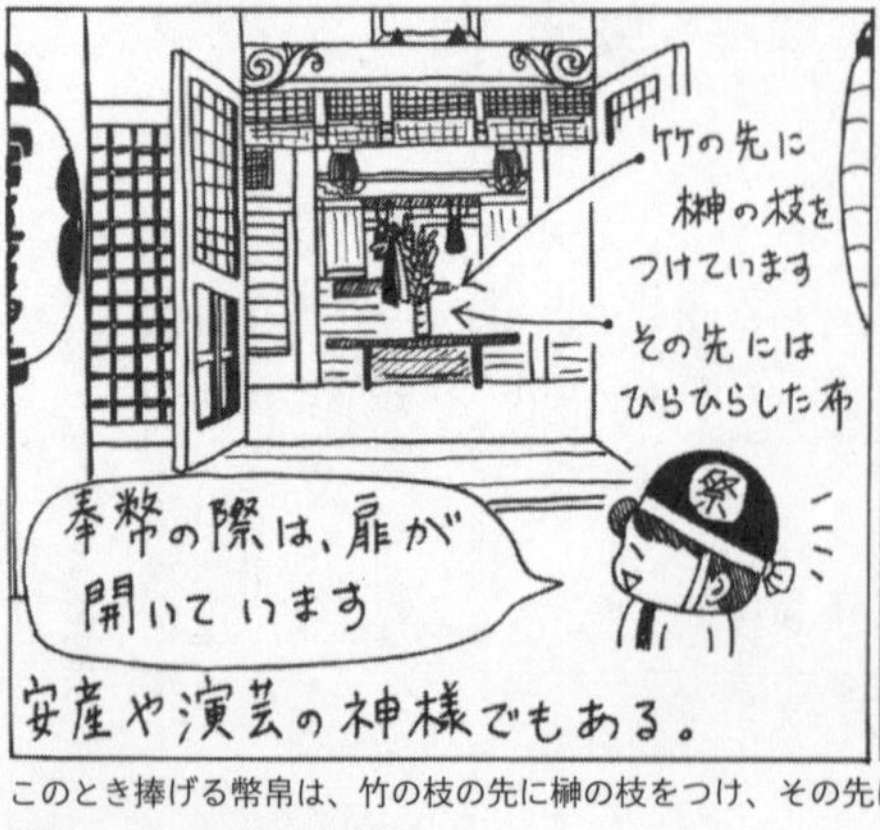

竹の先に榊の枝をつけています
その先にはひらひらした布
奉幣の際は、扉が開いています
安産や演芸の神様でもある。


このとき捧げる幣帛は、竹の枝の先に榊の枝をつけ、その先に布がつけられたものです。

幣帛については P118 を参照。

# 御饌催促《みけさいそく》の儀

御饌とは神様に供える
飲食物のことで、
神饌《しんせん》ともいいます。
5月5日の15時半頃に
行われます。

どうぞ

浦野さん

細谷さん

ご馳走をお供えする役の浦野さんが、
山海のご馳走を用意する細谷さんに、
ご馳走の催促をする神事が
御饌催促の儀です。

動座祭で用意される
神饌が75膳なので、
75度往復します。
（現在は短縮して
行われています）

神幸門《しんこうもん》
拝殿
御供所《ごぐうしょ》

神人・浦野氏
細谷、御膳お支度
現代語・訳
「細谷、ごはんの準備 できた？」
神人・細谷氏
御膳 出来申す
現代語・訳
「ごはん できましたよ」

# 汐盛講送り込み《しおもりこう》

神事は非公開で行われるため、関係者以外は見ることができません。
しかし、神事に向かう行列は、一般観光客でも見ることができます。
この行列を「送り込み」といいます。
動座祭に参列するため神社の拝殿に向かう
「汐盛講送り込み」も、その1つです。
この神事に携わっている講中を「汐盛講」と呼びます。
汐盛講は（潮水を汲んで来る）品川と、府中にそれぞれいます。
府中では主に番場を中心とした方々がこのお役目を担っています。

ざっざっ
品川汐盛講の方々
幣束《へいそく》
品川 潮盛講
汐盛講
「汐盛講」と書かれた長持ち
旗持ち
金棒
警護役のボーイスカウト
えぼしには
潮盛
の文字
しおもり
衿字は「品川 潮盛講」

# しおもりこう って何だろう？ Q&A

「しおもり」とは
神職一行が
品川海上の潮水で
身を清める神事です。
4月30日に行われ、
大祭期間中の
朝夕潔斎時は
この潮水が使われます。

清めの潮水を神社に持って帰ります
御神水
汐盛講

**Q.**
「しおもり」の漢字表記は？

**A.**
お世話をする講中は、府中と品川にそれぞれいますが一般的に……

府中が潮盛講
品川が汐盛講
府中
品川
汐盛講

と、表記されています。

**Q.**
長持ちの中身は？

**A.**
神事の式服が入っています。

何が入っているのか気になるな…
宝物？
ドキドキ

**Q.** なぜ裃《かみしも》姿なのでしょう？

**A.**
本殿に上がることができる特別な役割なので、正式な恰好で……とか、普通の方々とは違うことを示すため……との説があります。

確かに
かっこいい

# 動座祭《どうざさい》

5月5日の15時半頃に行われる動座祭とは、御本殿にいる神様に御饌（神饌）を供えて、今夜、神輿渡御を行う旨を報告する儀式です。くらやみ祭の中でも大事な神事であり、一般には非公開で行われます。

今夜、神事を行います
※イメージ
神饌《しんせん》
（海の幸や山の幸など）
神さま
古式の神楽七座の舞も行われます

品川汐盛講の方々や、
特別です
宮司以下の神職の方々が昇殿します。

その後、御本殿から神輿に神様をお遷しする神事が行われますが
御霊遷の儀《ごれいせんのぎ》と言います
神さま
本殿
もしくは「みたまうつし」
みこし
※イメージ
これは絶対に見てはいけない！のです
神様は尊いので
蟇目の式も行われます。

## 御神馬《ごじんめ》送り込み

5月5日の夕方、神事に用いられる御神馬が神社にやってきます。お仕えする神事は、坪宮神事、野口仮屋の儀、流鏑馬式です。

神社に送り込まれた馬は坪宮神事まで、本殿横で待機している
馬は矢崎町からやって来る。町内の方々が神社まで送り込む役割を担っている
大國魂神社　本殿
矢崎御神馬
矢崎町

御神馬とは、神事の際神様（神社）に仕える馬のことをいいます。

この御神馬は、5月3日の競馬式で用いられた馬とは別の馬です。

御神馬役のえぼしとはんてん（白色）
御神馬
御神馬

# 花火役送り込み

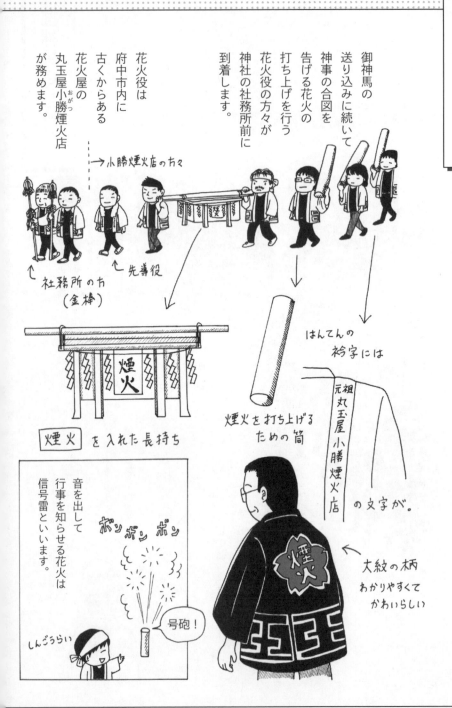

御神馬の送り込みに続いて神事の合図を告げる花火の打ち上げを行う花火役の方々が神社の社務所前に到着します。

花火役は府中市内に古くからある花火屋の丸玉屋小勝《おがつ》煙火店が務めます。

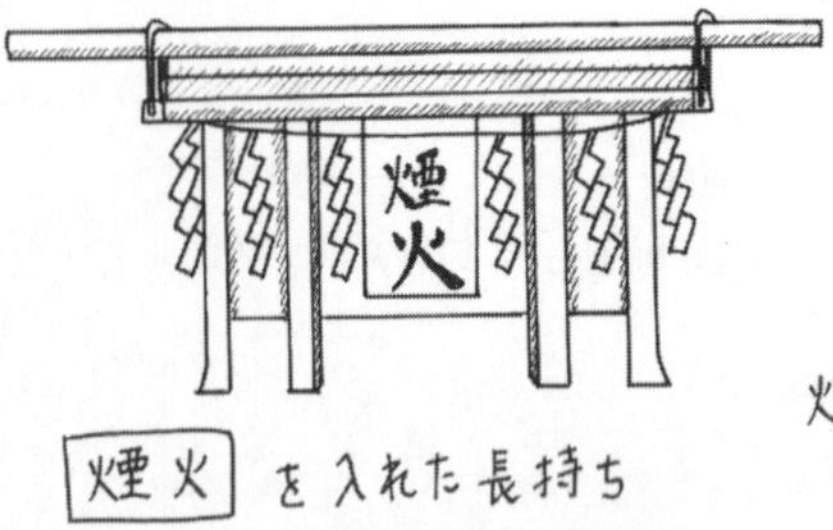


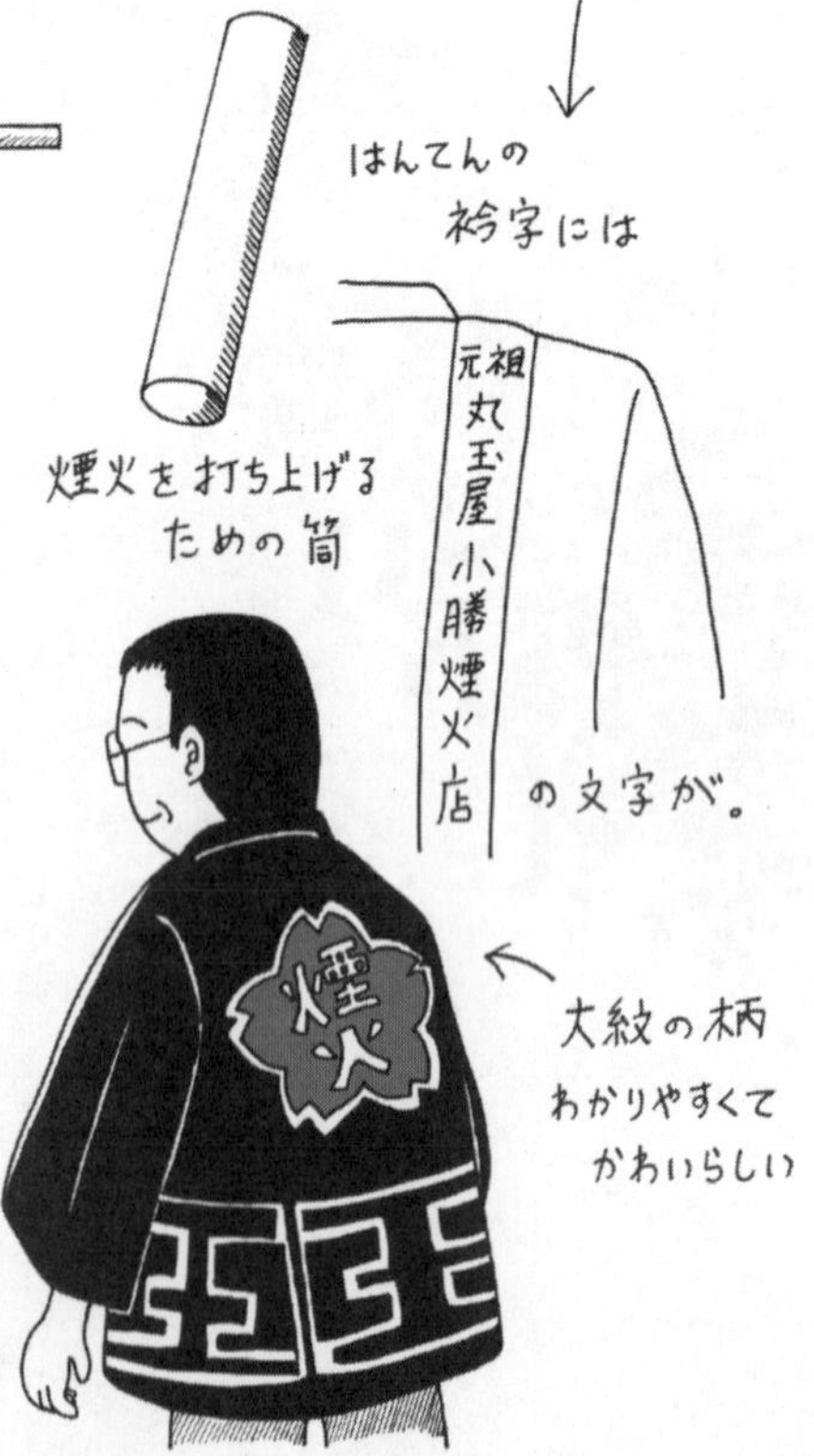


音を出して行事を知らせる花火は信号雷といいます。

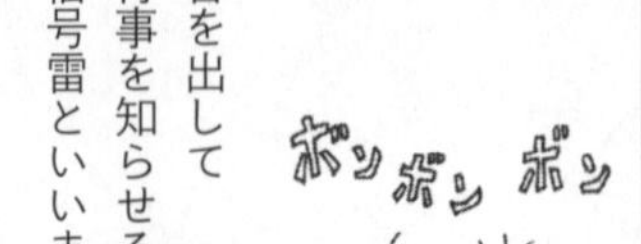

# 御饌《みけ》長持《ながも》ち送り込み行列

御饌催促の儀で用意された御饌（神饌）は……

長持ちに収められて御旅所に運ばれ、神輿に献ぜられます。

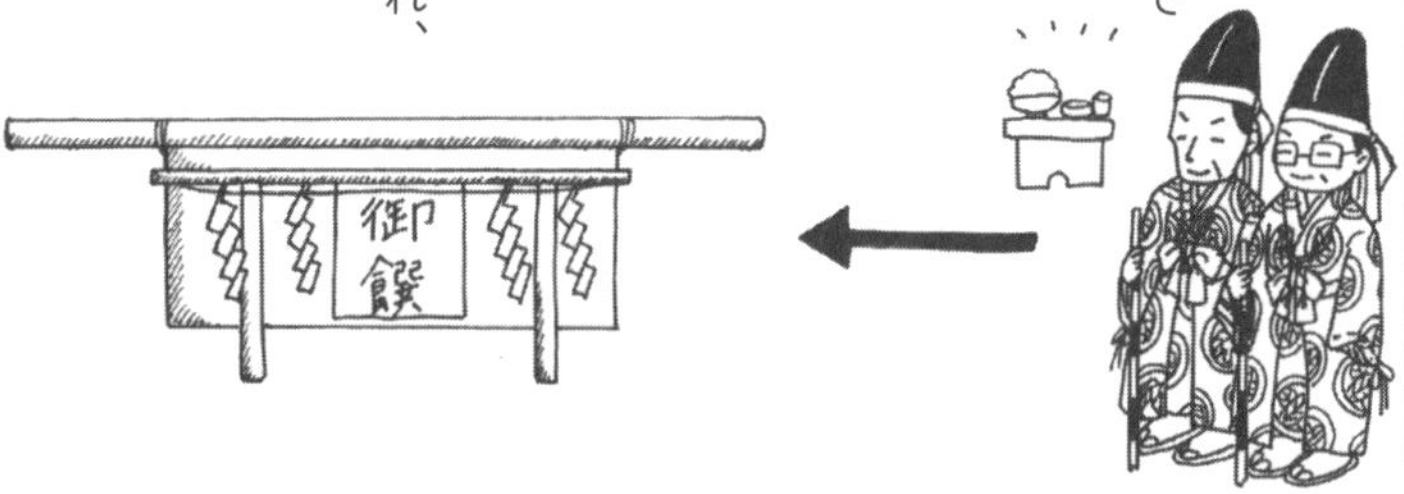


これを運ぶ一行を「御饌長持ち送り込み行列」といいます。

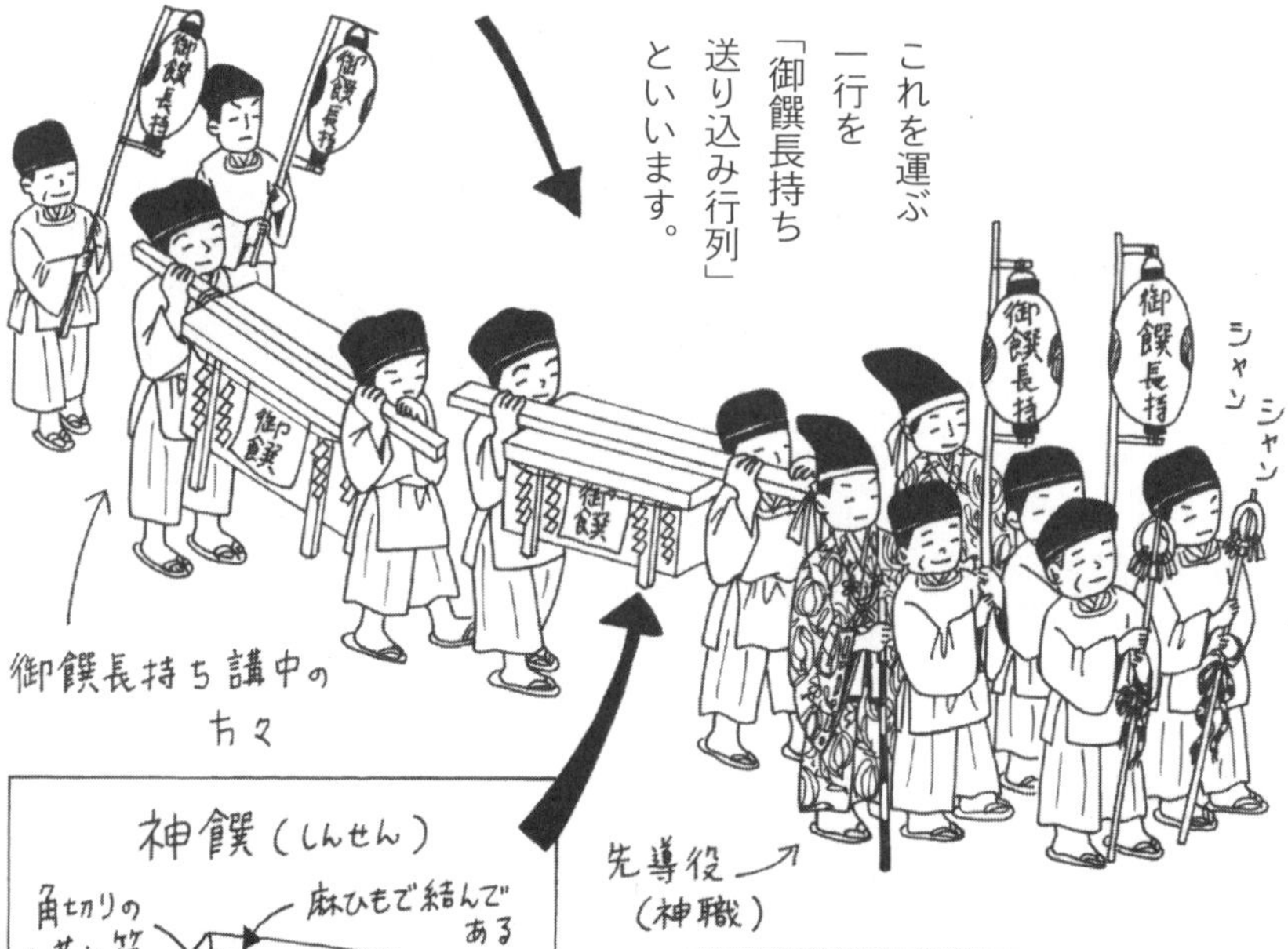


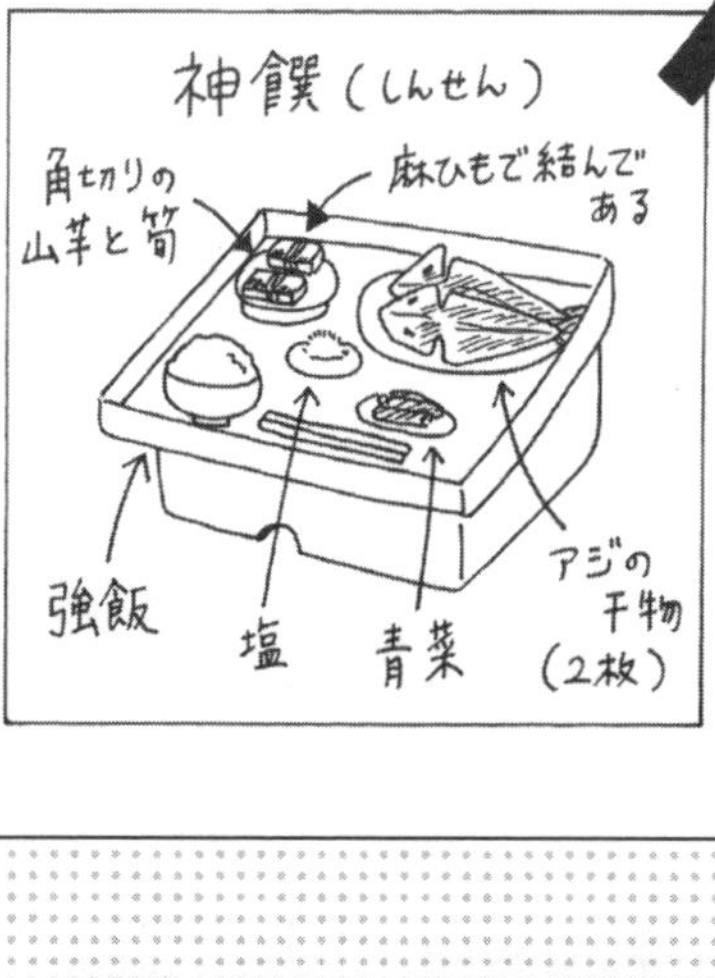

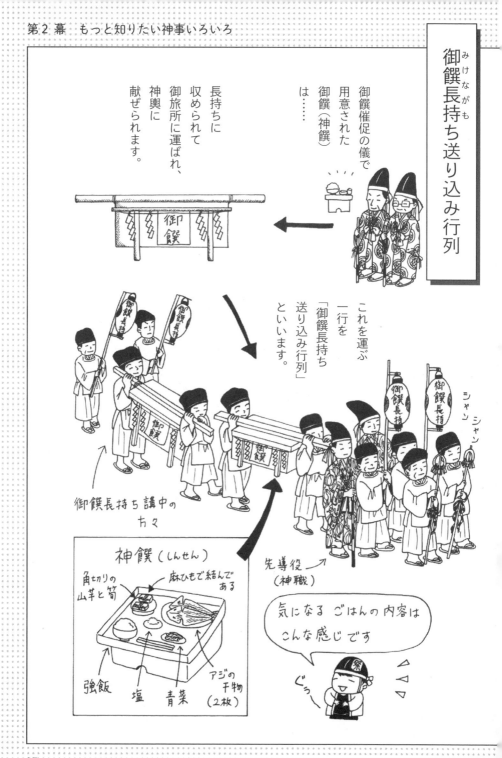

# 神輿発御《みこしはつぎょ》（オイデ）

5月5日の18時頃、大國魂神社から八基の神輿が御旅所《おたびしょ》に向かいます。くらやみ祭のクライマックスともいえる神輿渡御《みこしとぎょ》です。神輿発御はこの往路のことで、「オイデ」と呼ばれています。御旅所とは神社を出た神輿を迎えて、一時的に奉安（尊い物を安置）する所です。

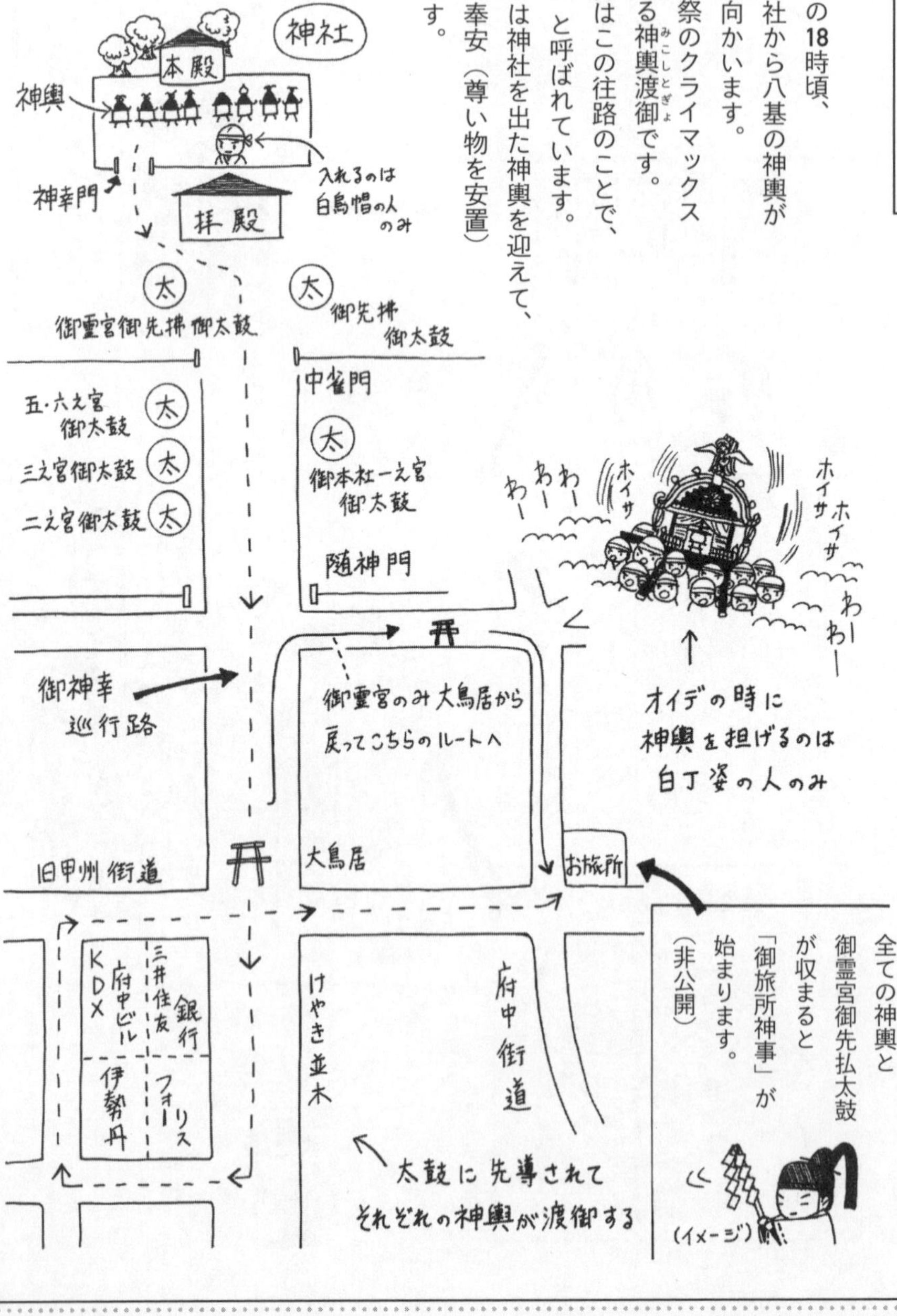


全ての神輿と御霊宮御先払太鼓が収まると「御旅所神事」が始まります。（非公開）

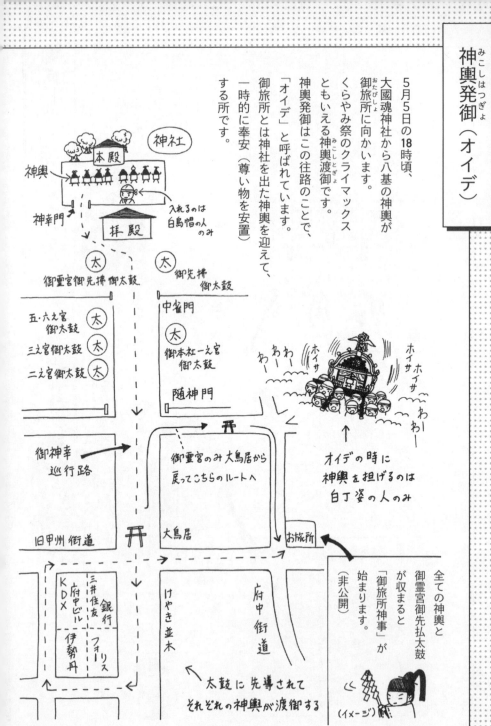

# 威儀物《いぎぶつ》行列

威儀物行列は
5月5日の神輿渡御の
先頭を行く、
御先払いの行列です。
神幸威儀物とも
呼ばれています。

高張提灯

「神幸」とは
祭礼の時に神様が
神輿などに乗って渡御する
という意味です。

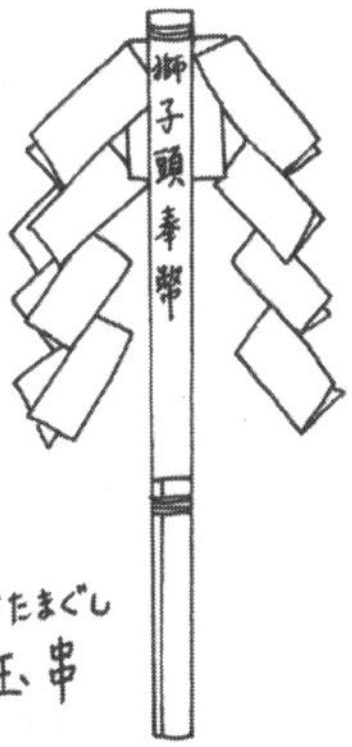

大玉串《おおたまぐし》

楯

大真榊《おおまさかき》

また、威儀物とは
御旅所まで
持ち運ばれる、
神社の宝物のことです。

獅子頭《ししがしら》

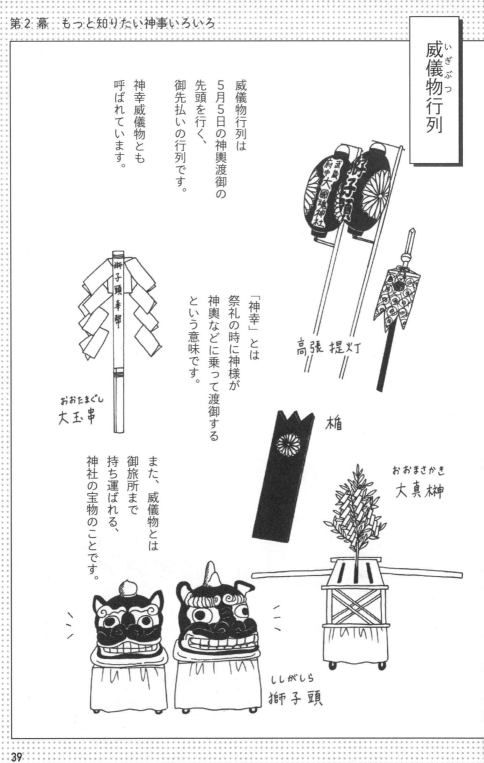

獅子頭
雅楽《ががく》の伶人《れいじん》
大真榊《おおまさかき》
下段へ
つづく
まるで…
時代祭の様な
荘厳な行列です
御太刀
楯
小太刀
御神矢
捧持役を務めるのは御先拂太鼓講中の方々

各宮からの警固役の方々
忌笹《いみざさ》（野口氏）
大玉串《おおたまぐし》
御先払
三之宮
二之宮
一之宮
大国魂神社
御本社
大国魂神社
四之宮
五之宮
六之宮
御先払 御太鼓役
神戸
神戸
先頭は神戸(ごうど)の方々
これは神戸が「神の戸」と書く地名に由来しての事　(神の扉)
大祭委員など
金棒
高張提灯
獅子頭
獅子頭
獅子頭
口を動かす事で邪気を払うと言われています
パクパク
台
鉾
パクパク
上の段のつづき

# 坪宮神事《つぼのみやしんじ》

5月5日の20時半頃、
御旅所付近が神輿の渡御で
盛況な時間帯、
御神馬に乗った神職一行は
境外摂社の坪宮を訪れます。

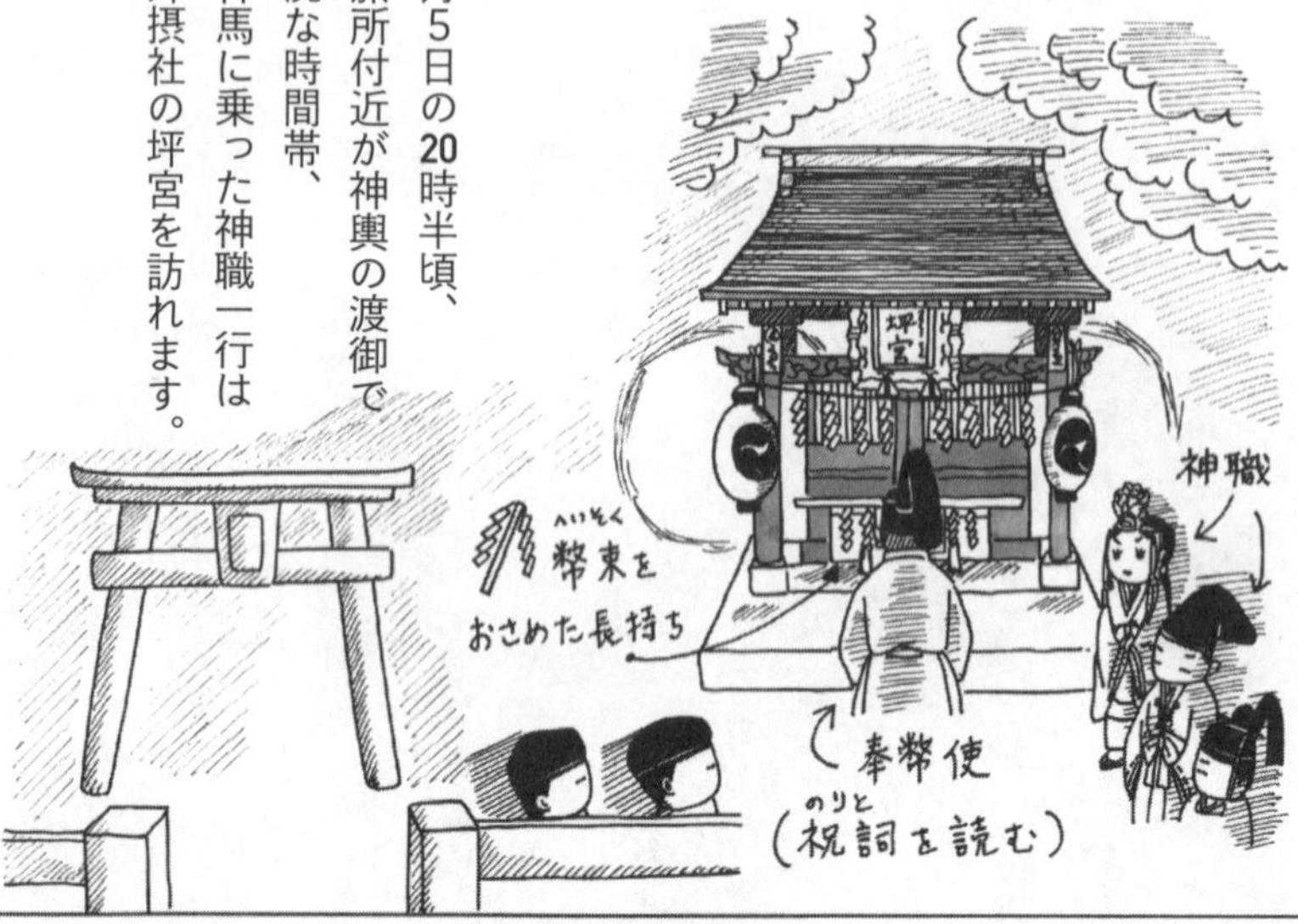


坪宮は武蔵国
成立以前の
支配者である
国造《くにのみやつこ》を祀る
神社です。

なので
国造《こくぞう》神社とも
呼ばれています。

この坪宮神事は例大祭にとって、
非常に重要な神事です。
神職が昔の祭の主催者である、
武蔵国造《むさしのくにのみやつこ》の代わりになって
御旅所の神輿に奉幣することから
「国造代奉幣式《こくぞうだいほうへいしき》」とも
呼ばれています。

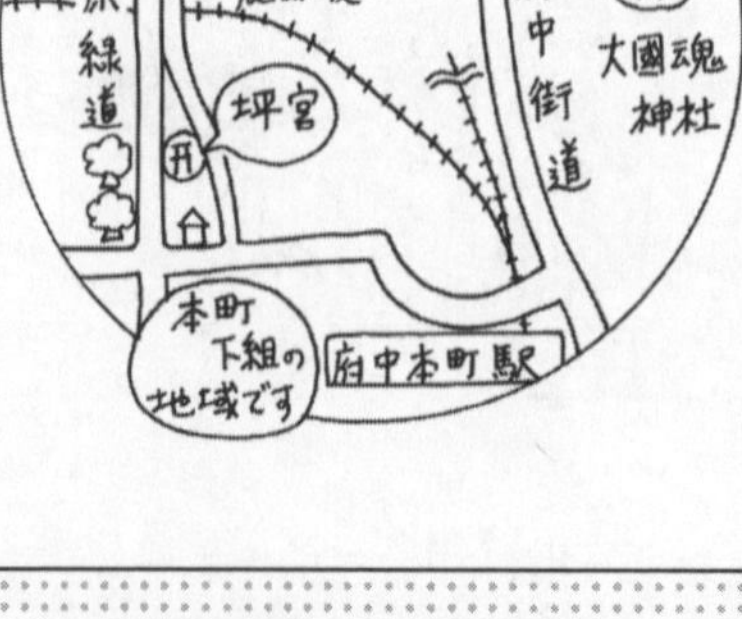

※ここで用いられた幣束は、
のちに御旅所で神輿に奉げられます。

神職は御旅所神事が始まる前、ここで例大祭の奉告を行います。祝詞をあげたり、幣束を奉ったりします。
祝詞《のりと》をあげます
のちに御旅所へ
幣束《へいそく》
約10分ほどの短い神事です。
これから斎主が神事を行います
みなさまもご一礼、願います
ペコリ
見学者
きりっ
女性の神職さん（司会役）
（この神事に向かうための）国造代奉幣使と呼ばれる行列は数名の静かなものでしたが……
最近は御旅所に神輿をお収めした、四之宮の方々などが同行しています。（坪宮神社が、四之宮神輿の御奉仕をしている本町下組のエリアにある関係で）
御先拂太鼓講中の方なども
坪宮
神事後は番場と片町の方々が同行して、御旅所に向かいます。
その頃、御旅所では全ての神輿が中に納まっている状態です。到着した神職一行は馬から降りて中に入り、御旅所神事を行います。ちなみに御神馬は一足先に野口仮屋に行って待機しています。
他 社務所の方やボーイスカウトの方々なども
ざっ ざっ

# 野口仮屋《のぐちかりや》の儀

5月5日の22時10分頃、御旅所神事を終えた神職一行は、次は野口仮屋へ向かいます。

「野口仮屋の儀」とは、
大國魂神社の神様を
野口家がもてなした……
といわれる古事に由来した儀式です。

わあっごちそう!!
祭
神職はここで野口家の主人から接待を受けます
ちまきとか赤飯、お茶、白酒など

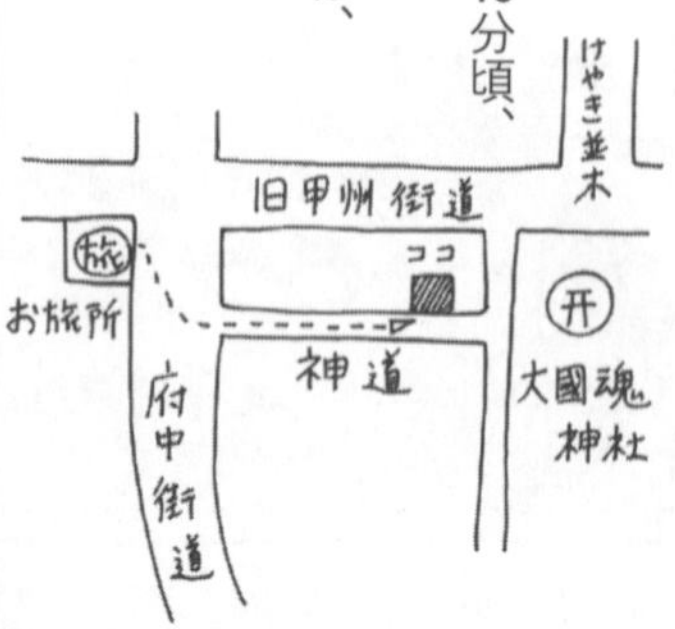

けやき並木
旧甲州街道
ココ
旅
お旅所
府中街道
神道
开
大國魂神社

神事
部屋の中央上部には「御神事」と書かれた提灯あり
昭和四拾年五月
野口仮宿
旧漢字体の提灯
神職
宮司
神職
ろうそくの台には「大國魂神社 野口仮屋」の文字
野口家主人
『饗膳勧杯《きょうぜんかんぱい》』(盃)の儀
饗膳とは客をもてなす時の料理の事
大神迎いの太鼓
10名以上いるかも?
外で待ってる神職も大勢いる

# 流鏑馬《やぶさめ》式

野口仮屋の儀の後、神職一行は、再び御旅所付近に戻ります。22時半頃から、この日最後の神事、流鏑馬式が行われます。

宮司が馬に乗り、的に向けて矢を３回放ちます。

的を捧げるのは
神人の方

この矢は「あたり矢」として縁起がいいので、落ちた矢は奪い合いになります。また、流鏑馬というと馬が走るイメージが強いせいか、一般の見学人の中には……

走らないの？
あれ〜
走らないの!?
いつ走るの？
あれー？
わぁー
わぁー

走りませんよ
だから必ず矢が当たるのです

と、いう方も多々いますが、この流鏑馬は走りません。

御神馬
得た矢を
はんてんの首すじに
入れて運んでいる人も

神事の終わりを告げる号砲が３発鳴ると、
神職一行は再び賑やかな参道を通り、
境内の社務所に戻ります。
こうして、この日の全行事が終了します。

おたびしょ
参道
社務所

ちなみに「流鏑馬」とは、神様への奉納のために行われる儀式だそうです。

走るのは中世に武家の間で流行っていたスタイルらしい
文献

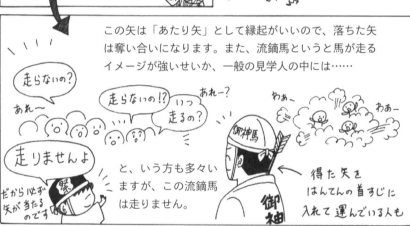

# 神輿還御《みこしかんぎょ》（オカエリ）

5月6日の早朝4時、
号砲と共に
御旅所から出た神輿は
太鼓に先導されて
それぞれが担当する町内へ。
この巡行を
神輿還御（オカエリ）
といいます。

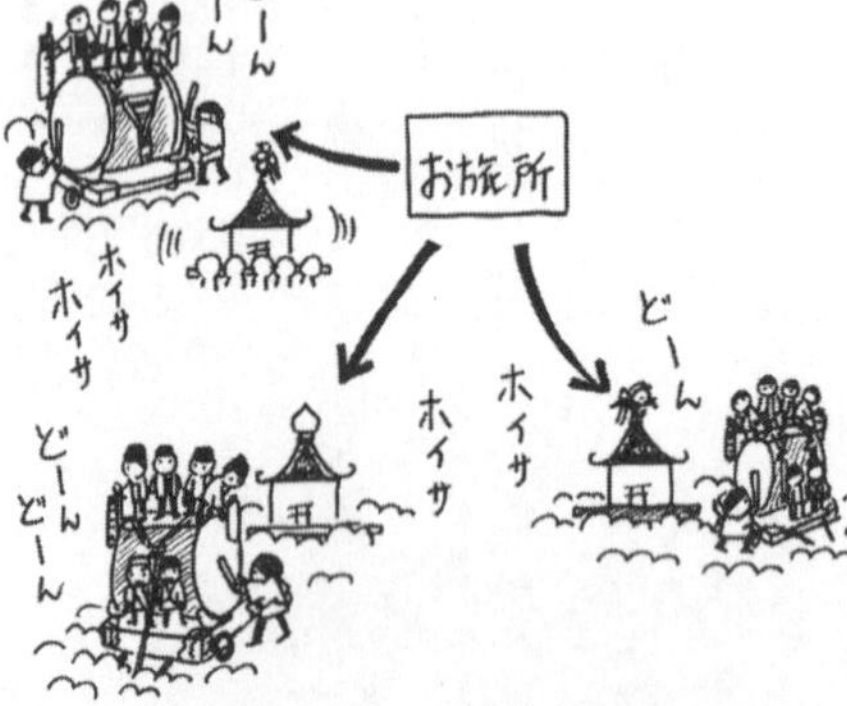
お旅所
どーん どーん
ホイサ ホイサ
どーん どーん
ホイサ
ホイサ
どーん

朝日を受けて光り輝く神輿はどれも神々しい威厳と美しさに溢れています。

朝が早いご神事ですが……
一見の価値あり！
ぴかーっ
美しい…
いいことありそう…

神輿は各町内を巡ったあと神社に戻ります。

この時、各宮の神輿が並んだ姿が見られるなど、オイデの時とはまた違った贅沢な光景を見ることができます。

神社に戻った
神輿は、
再び御本殿前の
お白州へ。
そこで最後の神事
「鎮座祭」が
行われます。

蟇目《ひきめ》神事も行われます
※イメージ

こうして神様が
神輿から本殿に
お戻りになり、
祭は終了です。

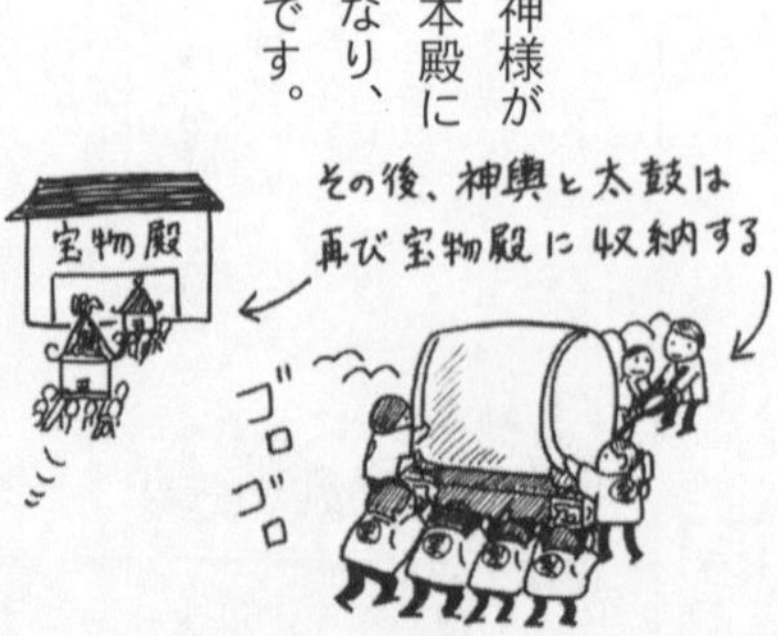
その後、神輿と太鼓は再び宝物殿に収納する
宝物殿
ゴロゴロ

## かがり火について

5月6日のオカエリの朝、神社の西鳥居と矢崎町付近ではかがり火が焚かれます。

西鳥居のかがり火は神社に帰っていく神輿に対してのもの。一方、矢崎のかがり火は町内に来てくれる新しい神様をお迎えする意味があるといわれています。

※昔のかがり火はソダと言う木を燃やしていたそうですが、今は違うようです。

このかがり火越しに見るオカエリの光景は……

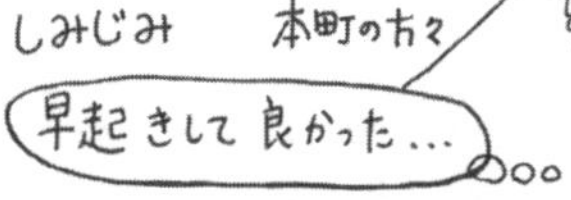


なんとも言えない神々しい美しさと風情に満ちています。

**Column**

**深読み豆知識②**

# 御霊会《ごりょうえ》ってなんだろう？

くらやみ祭では1つだけ、形も渡御ルートも異なる神輿があります。なぜなら元は違う祭だったからです。

それがいつしかくらやみ祭に組み込まれた……との説があります。

この「違う祭」とは御霊会と呼ばれるものです。

こうして災害や疫病などの苦難から、人々を救うために行われた祭礼が御霊会です。

# 第3幕 くらやみ祭に関わる人々

くらやみ祭は、たくさんの人によって成り立っています。ここでは、各神輿や御先払太鼓を担当する町内(町内会)、それをサポートする講中、町内の若手組織の青年会をはじめとした、様々な役職で活躍する方をご紹介。特に各町内はそれぞれの特徴が異なるので、その違いを比べてみるのも楽しいと思います。

# 御本社《ごほんしゃ》・一之宮《いちのみや》

くらやみ祭で使われる神輿は全部で八基あり、その中の御本社と一之宮の神輿、太鼓は、五町《ごちょう》（番場《ばんば》、神戸《ごうど》、片町《かたまち》、西馬場《にしばば》、屋敷分《やしきぶん》）と、その講中が受け持っています。

講中とは町内の外の地域にいるサポーター組織のことです。

※講中の詳細はP88を参照

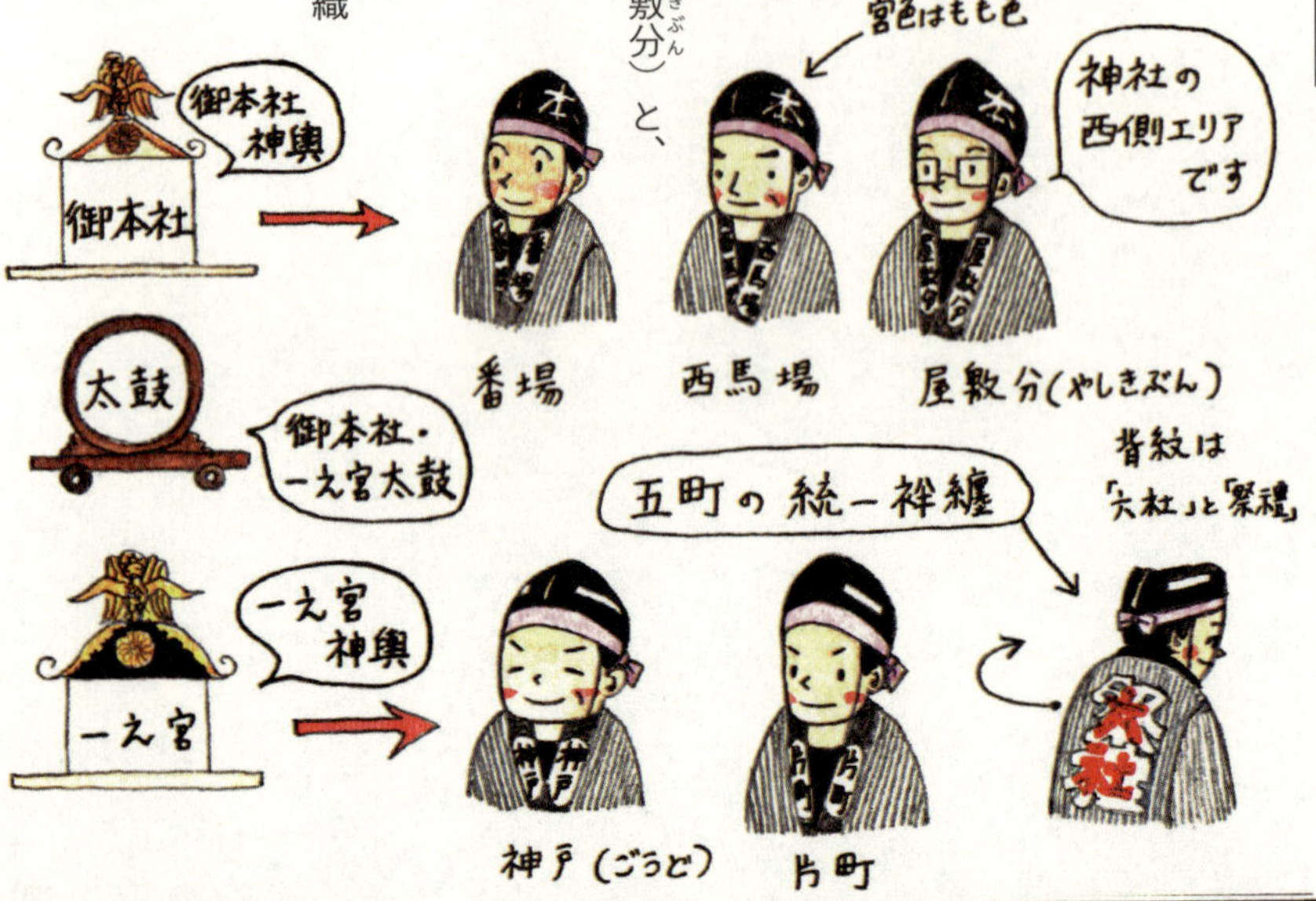


## 神輿について

### 御本社

御本社神輿は大國魂神社の御神体を祀っています

### 一之宮

一之宮の神輿は昔の御本社の神輿です

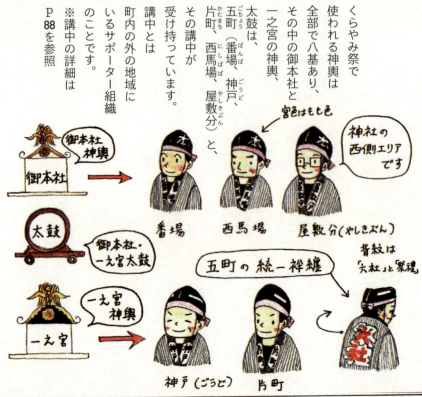

# 青年会の袢纏について

五町の町内袢纏《ちょうないばんてん》は衿の文字以外、統一されていますが、各青年会の袢纏は様々です。
青年会とは町内の若手組織のことです。
※青年会の詳細はP80を参照

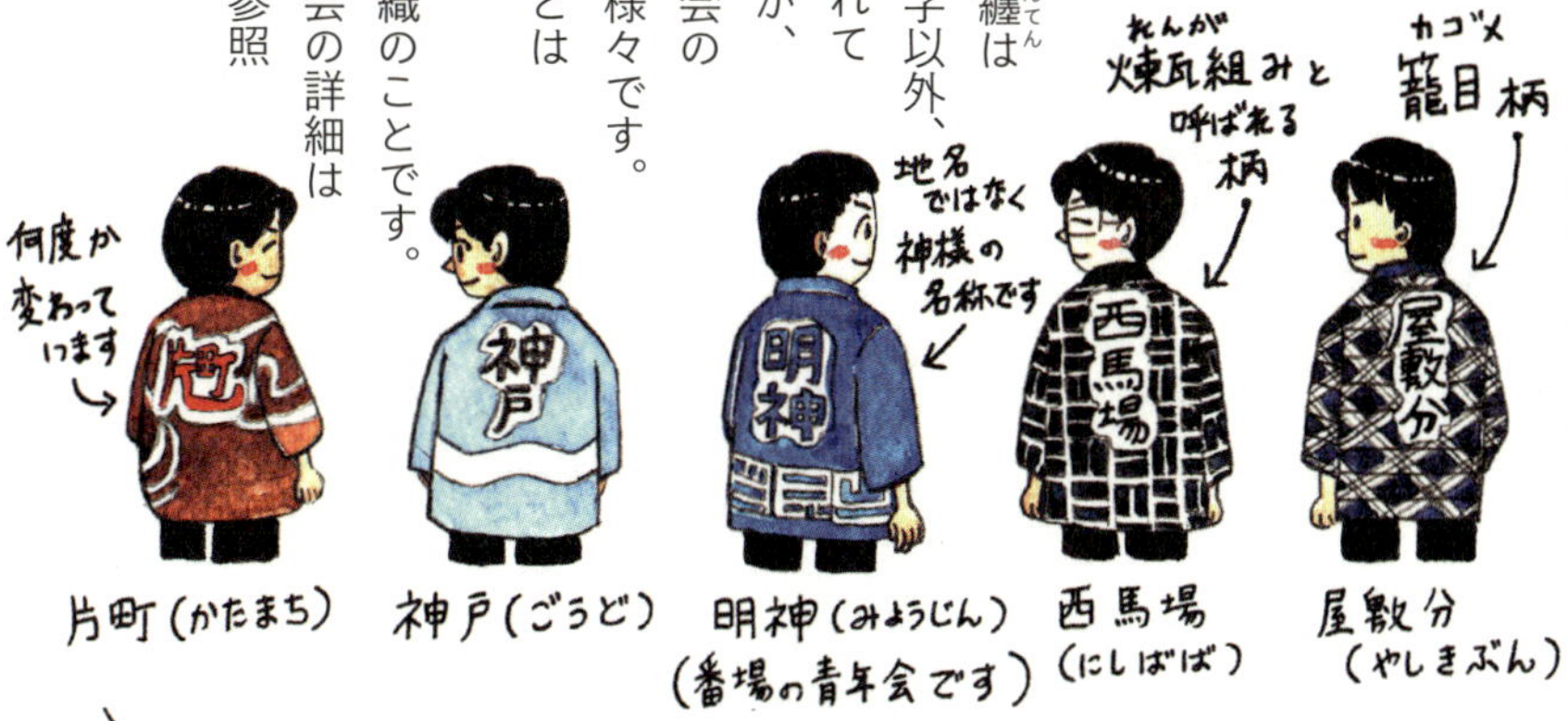
籠目《カゴメ》柄
煉瓦《れんが》組みと呼ばれる柄
地名ではなく神様の名称です
何度か変わっています
片町（かたまち）
神戸（ごうど）
明神（みょうじん）
（番場の青年会です）
西馬場
（にしばば）
屋敷分
（やしきぶん）

また、青年会の会長や副会長など立場が上の方が着ている袢纏もあります。

御本社もしくは
一之宮青年総代
と書かれた
えぼし
（もも色）
衿字には
「青年総代」
の文字
帯・ピンク
白
濃紺の
袢纏
帯・白
背中の
大紋は
「総代」

御本社・一之宮の
青年総代

しかし袢纏を脱いで白丁姿になると各町内の区分がつかなくなるので目印として神輿渡御の際は烏帽子に手拭いを巻いています。

屋敷分
手ぬぐいは
青年会承認の
人…と言う意味

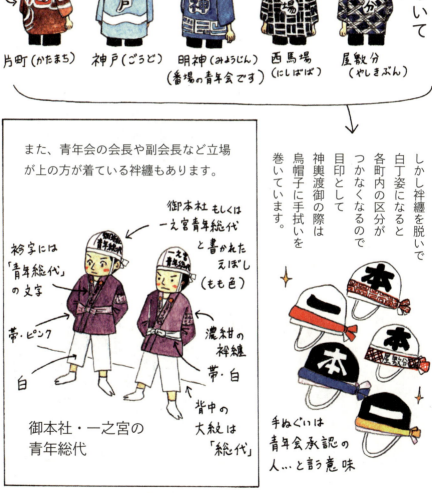

５日に行われる御太鼓引き渡し儀式後は主に小金井の貫井講中を中心とする太鼓講中の方々が町内の方に代わって運行の責任を担います。

衿字部分の五色の色は
古代中国の五行説に
用いられている「五色旗」から
とっています。

森羅万象とか五つの方位
（東西南北・中央）を示すとか
「魔よけ」の意味を持つとか……等々、
神道において重要な
意味を持つ色です。

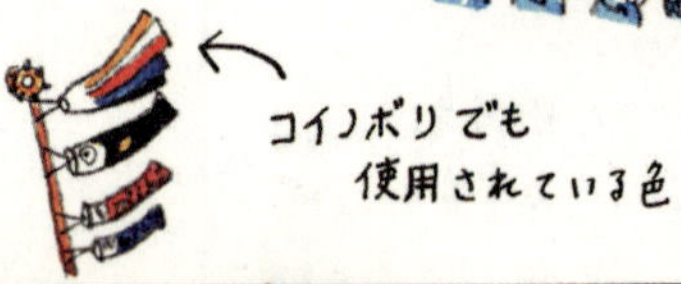


太鼓講中

## 御太鼓講中引渡し儀式

御本社と一之宮の神輿、太鼓は、大國魂神社の西側にある主に府中市宮西町、片町、美好町の一部に及ぶ広いエリアの町内が御奉仕しています。この町内は祭の際、古い町名を用いて「番場、神戸、片町、西馬場、屋敷分」と呼ばれ、合わせて五町と称されています。

御本社神輿は、大國魂神社の神様（ご神体）が祀られている神輿です。そのためか、他とは違ってこの神輿にだけ渡御の際「みかざし」がついています。ただし、「何故みかざしがついているのか？」は、御奉仕している町内の方にも、よくわからない、昔ながらのしきたりです。ちなみにみかざし役は番場の方が受け持つことになっています。

また、御本社神輿は唯一の白木造りです。特に5月6日、早朝のオカエリ時に、朝日を浴びると全体が神々しく光り輝き、非常に美しい姿を見ることができます。更にこの神輿には、大國魂神社のけやきが一部用いられています。町内の方曰く「本当は、お神輿全部に神社の木を使いたかった」そうですが、神輿店に見てもらったところ「材質が適さない」となり、一部にのみ使用されることになりました。ただ、神輿のどの部分に神社の木が使われているかは、町内の方もわからないそうです。

一方、一之宮神輿はその昔、御本社で使われていた神輿を用いています。そのため「以前は一之宮の神輿を担ぎたがる方が多かった」という説も耳にしました。また、製作されたのが明治21年と、全ての神輿の中で最も歴史があることも特徴です。なお、平成28年に御本社と一之宮の神輿は、共に金属部分などを一部修復して綺麗にリニューアルされました。

5月5日のお昼頃には「太鼓講中引渡し儀式」が行われ、町内から太鼓講中の方々に全ての運行責任が引き渡されます。儀式の後、町内の方々は太鼓の運行管理から離れます。講中の方の運行責任はこの時点から、神輿発御（オイデ）の際に太鼓が神社境内から大鳥居を出るところまでです。そこから先、大鳥居から御旅所までの間は、町内の方も交じって太鼓を叩けます。これは「みんなで一緒に太鼓を楽しもう」という考えからだといわれています。ちなみに6日早朝の神輿還御（オカエリ）の際も同様に、町内の方も交じって叩くことが可能です。

# 二之宮《にのみや》

二之宮神輿と二之宮太鼓に
ご奉仕しているのは、
八幡町と、その講中です。

宮色は赤
町内ばんてんは
緑色
（何年か毎に変更あり）
二之宮

他の宮と比べて、
ほとんどが八幡町で
まとまっているので
町内がわかりやすいことが特徴です。

八幡町を母体として
緑町や、清水が丘と
協力関係を
築いています

協力
関係
八幡町
清水が丘
緑町

## 町内の役割分担について

**昔** 祭は町内・青年会で全て行っていて大変

**今** 役割分担して決めています

色々な行事がふえたので

青年会
お神輿
こども神輿

囃子連
（八幡町囃子連）
お囃子・山車巡行

二之宮
太鼓愛好会
太鼓
…など

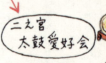

Q.
二之宮が他よりも袢纏の種類が多いのはなぜ？

A.
八幡町は、祭りの当番制度を発展的に解消し、町内の役割を分担しました。そのため会が多くなり、袢纏の種類が多いのです。

分担する事で「会」が多くなり、関わっている団体も多くなっています
町内の方

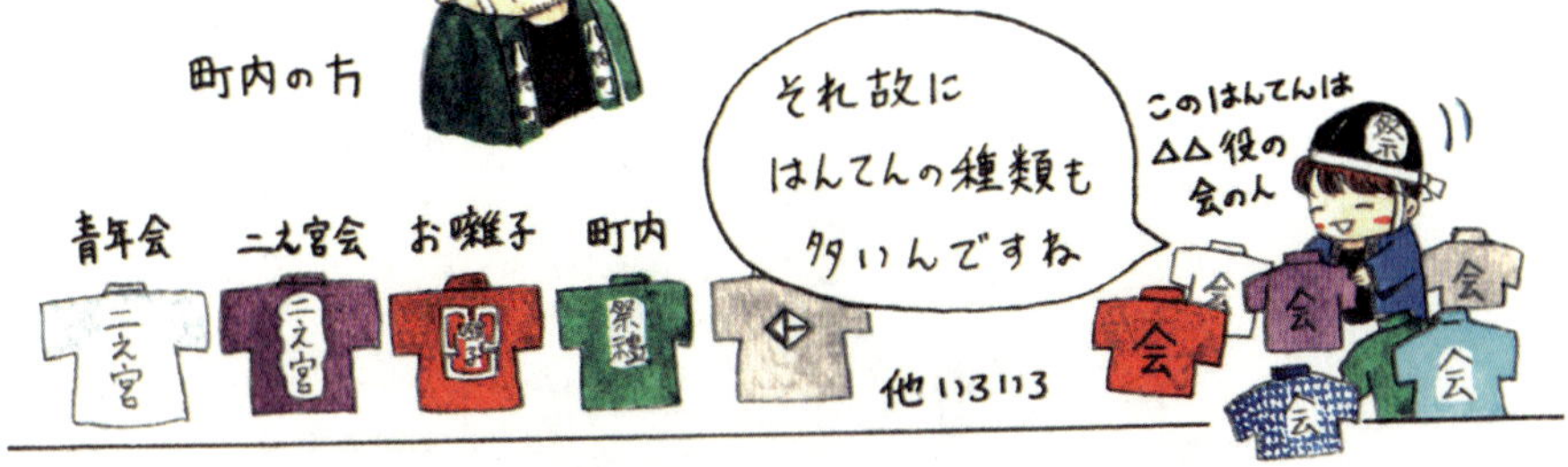
それ故にはんてんの種類も多いんですね
このはんてんは△△役の会の人
青年会
二之宮会
お囃子
町内
他いろいろ

Q.
袢纏合わせの会とは？

どうも
わいわい
わいわい
はじめまして
よろしく
うちの団体は今年、このはんてんを着ますよ
どうも
これ着てたら協力者
はい
担ぐ場所決まってます
うしろは××…
まん中のメインの2本(先頭)は八幡町青年会
そでは(サイド)△△…
よそ者入ってこないように

A.
青年会や神輿を担ぐ人々の、打ち合わせ会のことです。協力団体の顔合わせや、どの団体がどの袢纏を着るかの確認、さらには神輿を担ぐ場所の確認などを行います。（この協力団体は「二之宮協力会」とも呼ばれています）

昔は青年会が、祭全体を通して関わっていました。今は主に神輿に関することやほかの仕事を行っています。

青年会を卒業すると

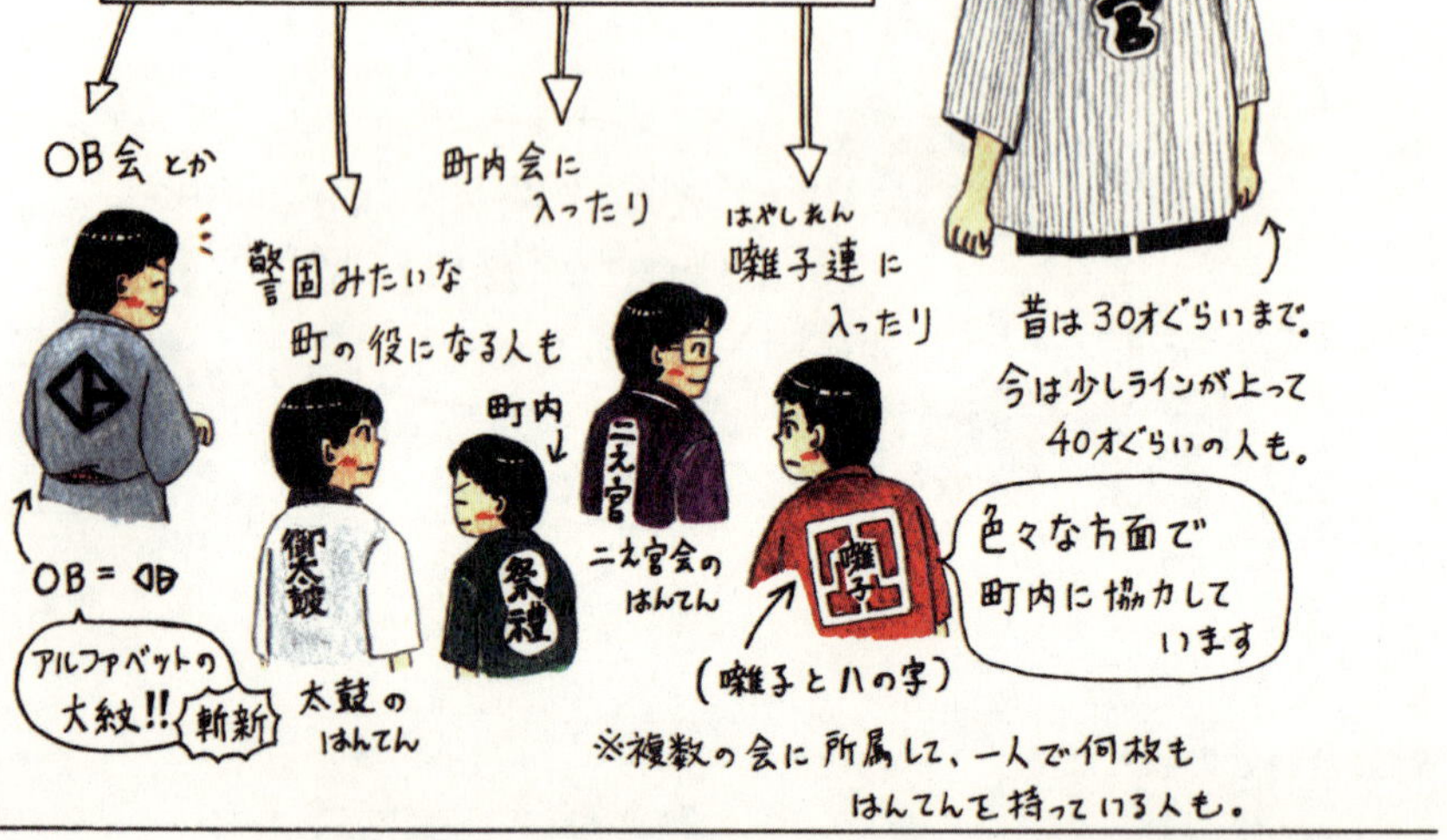

※キャスターは常に使用しているわけではなく、オカエリの際に距離が遠い場合などに用いています。

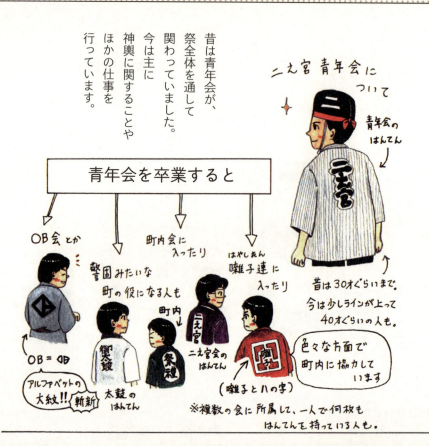

二之宮は現在の府中市八幡町地区の方々が、世話元の中心となっています。このエリアは大國魂神社の東側にあり、以前は八幡宿と呼ばれていて四カ町（番場、本町、新宿、八幡宿）の1つでした。古くは神社の関係者が多く住む土地だったため、（宿村としての性格も持っていましたが）他の三町とは少し性質が異なっていたといわれています。

昔は二之宮と三之宮の双方の神輿と太鼓のご奉仕をしていましたが、明治21年に二之宮は八幡町が、三之宮は京所が世話元となるように分担し、今に至っています。

町内が多岐に渡っておらず、町内と講中にまとまりのある二之宮。その最大の特徴は、どの町内よりも先に大きな太鼓を作り、現在の太鼓の巨大化の礎を築くなど、その発展的な思考にあるのではないかと思います。昭和52年に登場した、国内でも最大級の二之宮の大太鼓（直径185センチメートル）は、他の町内の太鼓にも大きな影響を与えたそうです。この太鼓の製作と同時に、町内では有志が集まり「二之宮太鼓愛好会」が結成されました。太鼓の巡行を行ったり、バチを製作するなど、太鼓を通じて様々な町内の後押しを行っています。

また、「年番」と呼ばれる祭の当番制度を発展的に解消し、町内の役割を分担してきました。そのため会の数が増え、袢纏の種類も多く、「袢纏合わせ」と呼ばれる集いがあることも特徴的です。この会では協力団体の顔合わせや着用する袢纏、神輿を担ぐ場所の確認などが行われます。

その他にも、OB会の袢纏の大紋にアルファベットの「OB」を模した記号を用いるなど、随所に「発展的な」試みを垣間見ることができます。

そんな発展的な面を持ち合わせながらも、祭の型や伝統などをきちんと遵守している箇所も多々あります。この様な二之宮の姿は、実際に他の町内の方からも注目されているのです。

実際、取材の過程で、イラスト内の神輿運搬用のキャスターに興味を持っている方に出会ったり、祭に詳しい方から「僕は二之宮のお神輿が一番好きなんだよ。お神輿のバランスが良いし、担ぎ手も上手いからね」という話を聞けたりもしました。

# 三之宮《さんのみや》

三之宮神輿と太鼓の神幸にご奉仕しているのは、京所《きょうづ》町とその講中です。
京所は神社の東側エリアで、神社の関係者が多く住む土地でした。

町内
京所町
町内
ばんてん
宮色は山吹色
大紋は
「三え宮」

青年会
競馬式の時に
神職の警護を
担当しています
宮色に
ちなんだ
色鮮やかな
山吹色の
はんてん

太鼓に関わる方の
はんてんは
この様な柄。
衿字には
「京太鼓」とある。

役袢纏《やくばんてん》
警備などの
仕事をする
町内や
講中の責任者が
着ます
衿字は
「三え宮取締」や
講中の地域名など

## 三之宮神輿について

三之宮神輿には、皇室と同じ十六片の菊の紋章が付いています。これは、昭和9年に宮内省のお許しを得て作ったといわれています。

創建当時は、今よりも皇室がもっと遠い存在で……
神様として考えられていた時代だったからです
みだりに付けられない物だったんですよ

三之宮

台輪紋にも特徴がある
目線より下の御紋を見たら不敬なので
横向きの菊…

また、三之宮の神輿には「雲飾り」がないことも特徴です。

コレ

宮内省からお許しが出た場所以外の菊は、アレンジして用いています

神輿の両側には……

大國魂神社の御祭神でもある
大己貴命(おおなむちのみこと)
左
因幡《いなば》の白兎《しろうさぎ》が彫られています
※別名…大國主命(おおくにぬしのみこと)

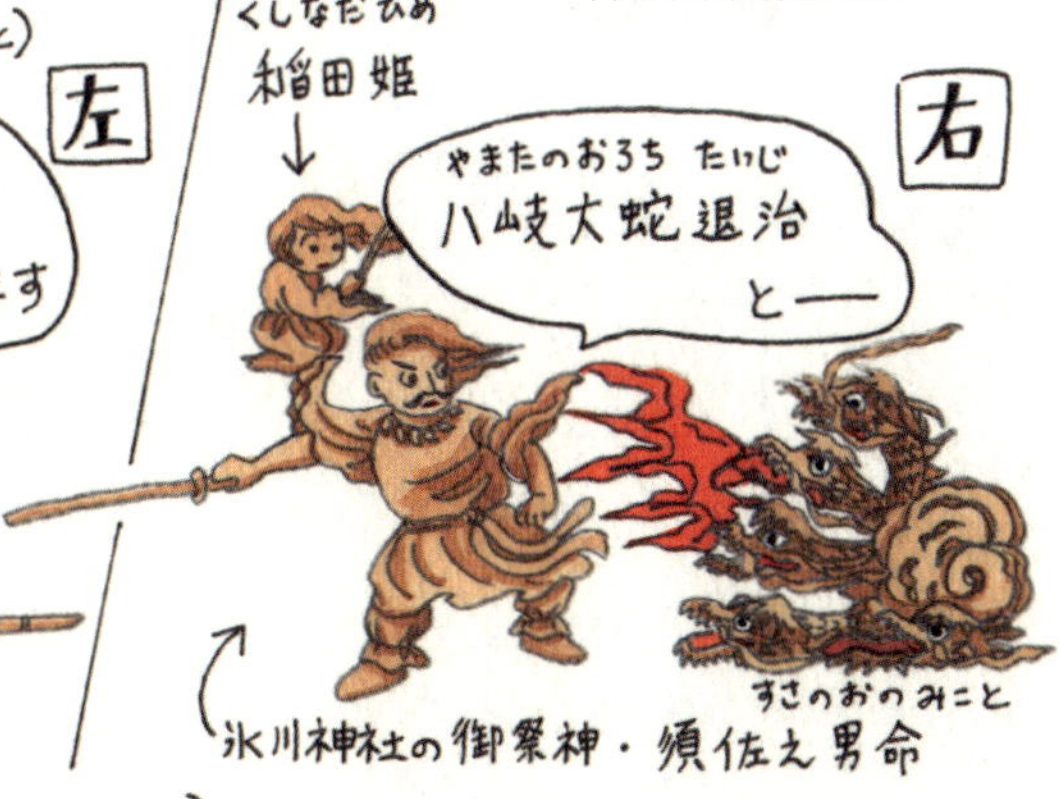
稲田姫《くしなだひめ》
右
八岐大蛇《やまたのおろち》退治《たいじ》と——
氷川神社の御祭神・須佐之男命《すさのおのみこと》

## 三之宮太鼓について

神社の大鳥居横の社号標と同様に、「神」の字に飾り文字が描かれています。

「京所中」は古い言葉で「京所関係者すべて」を意味するそうです。

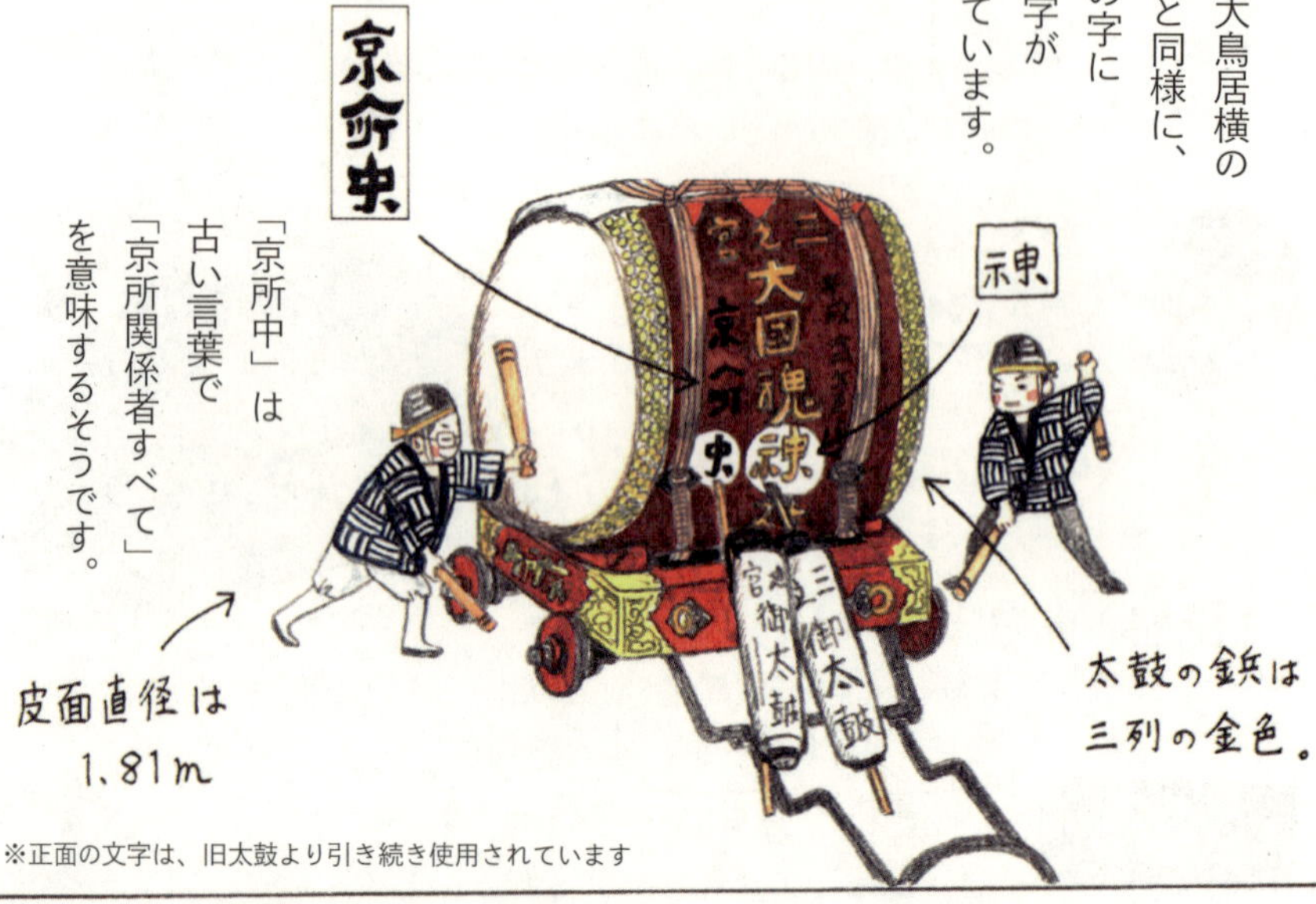

京所中
神
三之宮
大国魂
京所中
宮御太鼓
三御太鼓
皮面直径は 1.81m
太鼓の鋲は三列の金色。


※正面の文字は、旧太鼓より引き続き使用されています

## 高張提灯について

三之宮
衿字は「京所町」
きりっ
大紋は赤字で「三之宮」
女性にも役がついています


三之宮の高張提灯は、女性が持っています。これは……

珍しいですね なぜですか
人手が足りなかったからです
率直に言うと


というのが、はじまりですが、
その後も現在に至るまで、
女性が高張提灯を担っています。

三之宮の神輿と太鼓は、大國魂神社の東側のエリアにある京所の町内と講中がご奉仕しています。ここは現在の宮町三丁目付近の地名です。昔、京所は神社関係者が多く住む土地で、元は八幡宿の小字（宿内の一部の地域）でした。明治21年に八幡宿から神輿の担当を分離し、以後は二之宮を八幡宿が、三之宮を京所が請け負っています。

三之宮の神輿には「雲飾り」という模様がないのが特徴です。そのため、他の神輿と並んだ際に、遠目でもすぐにわかります。雲飾りがない理由は、神輿の屋根に菊の紋章がついているためで「日輪の象徴（皇室）に雲をかけたら失礼だから」という考えによるものです。

三之宮の特徴に関して町内の方は「色々と新しいスタイルのきっかけを作る宮だと思う」と話してくれました。たとえば、高張提灯を女性が持つことも、その1つです。これは当時、人手不足がきっかけで始まったといわれており、その後も現在に至るまで継続されています。新しいことを取り入れる際は、同時に周囲の反発なども避けては通れなかった様ですが、それでも時代に即した柔軟で斬新な試みをつづけているのです。

また、神輿渡御の際に担ぎ手が白丁を着用するようになったのも、何代か前の三之宮の会長がきっかけ。当時、神輿の担ぎ手の恰好が様々であったことに対して、「もともと神輿を担ぐ際は白丁（姿）だ」と主張したことにより現在に至っているといわれています。さらに警備などの仕事を受け持つ役割の人が着る「役袢纏」を最初に作ったといわれるのも京所の町内だそうです。

5月3日の競馬式の際に神職の身辺警護をする役割を担っているのは三之宮青年会です。昔、競馬式が今よりも少ない数の馬で行われていた時、三之宮は一の駒を二之宮と隔年で担当していました。そこで役職が空いている年に、青年会に神職警固をお願いしたことが、きっかけだそうです。中には「三之宮の〇〇さんが、手の空いている時に、警護役として前に立たれたことがあったからかも」という説もありましたが、神職の方の家が京所町内にあるというご縁からも来ているお役目のようです。

# 四之宮《よのみや》

四之宮の神輿の世話役は、本町下組です。

本町は縦長の土地を上・中・下の三組に分け、担当を分担していますが、全てが同じ柄の袢纏を着用しています。

町内

宮色はみどり
大紋は「祭禮《さいれい》」
右腕に唐ぼたん
濃紺
腰柄は白抜きで「六社」


柄が統一された姿が美しい本町の町内袢纏は昭和9年から伝統を引き継いでいます。

青年会

あわいグレー
ぼたんの花所々に
今の青年会のはんてんは昔の町内ばんてんをリメイクした物


青年会は本町全体の意向を買って、様々な仕事をこなしています。

祭りと言うのは青年が中心
青年の力が大事です
従う
頼る


本町のはんてん豆ちしき

町内の方
昔は反物(たんもの)を買って繕いました
昔は丈が短かかったけど だんだん長くなってきました
はんてんの柄はわかる範囲で80年以上前から、変わっていません

四之宮の神輿は、鳳凰と葱花《そうか》（別名で擬《ぎ》宝《ぼ》珠《し》、ぐり）が交互に飾られることが特徴です。

通称「ぐり」
ぐりは見慣れているせいか、町内で人気が高いんです
以前は4年に1度ぐりを用いていましたが、今は基本的に隔年で、つけ替えています

本町エリアは縦長の土地で担当も三つに分かれている
上組《かみぐみ》
御霊宮 御先拂太鼓《たいこ》
中組《なかぐみ》
御霊宮 神輿《みこし》
下組《しもぐみ》
四之宮神輿《みこし》
……を、それぞれがご奉仕

昭和62年の神輿修理の際、立派な鳳凰と葱花を作成しましたが、それ以前は葱花で通していたので「四之宮は葱花」のイメージが強い傾向もあるようです。

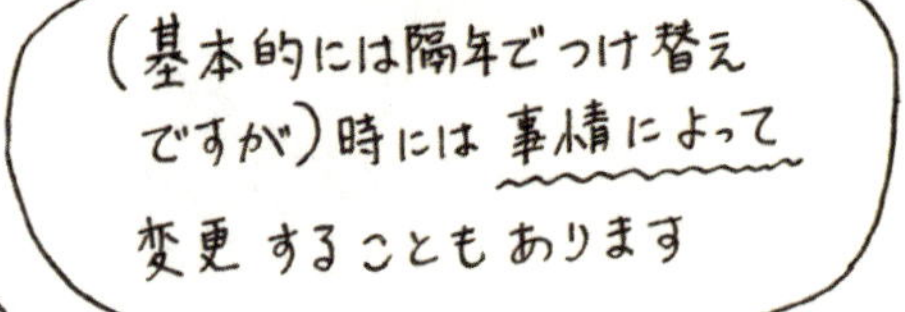
（基本的には隔年でつけ替えですが）時には事情によって変更することもあります

事情の内訳は皇室関係だったり神輿の修理だったり、様々だそうです
なるほど

今では青年会が
四之宮、御霊宮含めて
全ての講中にたすきを
渡し区分を
明示しています。

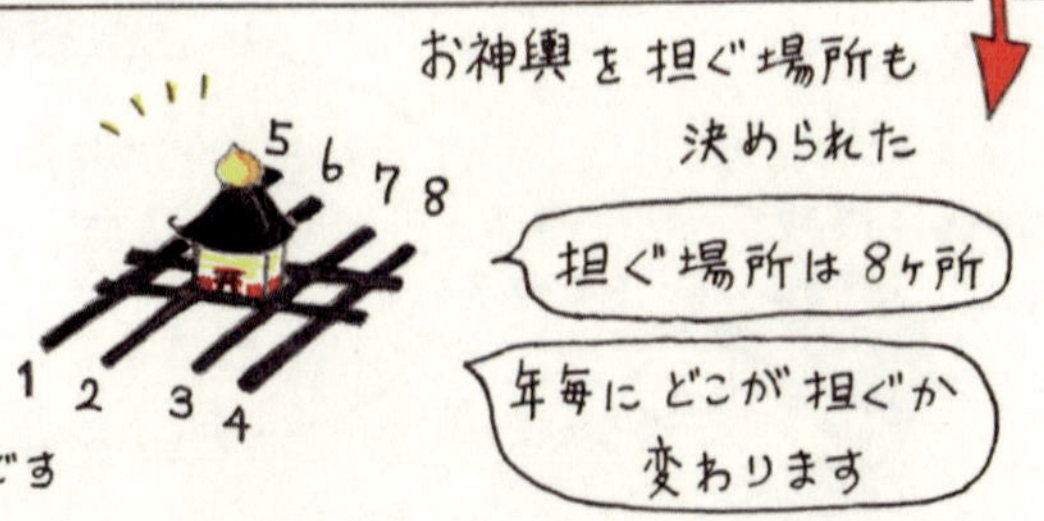


決められた棒は、
その町内が
責任を持って
担ぎます。

※数字の位置はイメージです

　四之宮神輿の世話元は本町下組です。本町は縦長の広大なエリアなので、北から南にかけて上・中・下の三組に区分されています。例大祭においては、それぞれが明確に役割分担をしていて、上組が御霊宮御先払太鼓を、中組が御霊宮神輿を、そして下組が四之宮神輿の御奉仕をしています。町内の区分の成立ちは、はっきりとしません。町の方々に聞いても「江戸時代からこの様に分かれている。昔からの伝統です」「もしかしたら世帯数で分かれているのかも?」「くじ引きで分けたのかも?」など様々な説が出てきました。本町は歴史が古い町だけに、厳密な起源を知ることは困難な様です。

　さらに袢纏に牡丹の花が使われている理由も「昔から使われているけれど、理由は分からない」とか「春牡丹は大國魂神社の例大祭の頃に開花するから、それを取り入れたのではないか?」など、起源は不明でした。逆にいえばそれだけ長年に渡り、引き継がれてきた伝統だといえるかもしれません。ちなみに牡丹の花言葉は「風格」や「高貴」など。いずれにしても祭に似つかわしい、粋な花のイメージです。

　本町は全体的に、町内と青年会の縦の組織がしっかりしている印象を受けます。町内の人は「お祭というのは青年が中心。やっぱり若者の力は大事」「お祭が荒れていた時期に青年会が整えてくれた」と青年会を大いに信用し、頼りにしています。一方で、青年会も町内の意向に沿って行動し、町内で決められたことをきちんと講中に伝えて、争いが起きないように努めています。このように町全体にまとまりがあるのは、「子供の頃からのつきあい、長年培ってきた信頼関係があるからではないか」と町内の方は話してくれました。

　四之宮の神輿の特徴は、神輿上部の鳳凰の代わりに葱花（別名：擬宝珠）が登場することです。昔は葱花で通していたそうですが、昭和62年に神輿を修理した際、立派な鳳凰と葱花の両方を制作したため、それ以降は基本的に交互に使用しています。他にも葱花を持つ宮はありますが、鳳凰の人気が高くてほとんど使用していないのに対し、四之宮では葱花が人気。「ぐり」という府中独特の呼び名でも親しまれています。

# 五之宮《ごのみや》

五之宮神輿と、五・六之宮太鼓の御奉仕をしているのは、新宿《しんしゅく》町の町内です。

世話元の町内は
新宿町《しんしゅくちょう》です

（主に現在の
宮町 1、2丁目付近）

宮色は
むらさき

町内

町内ばんてんは
「吉原つなぎ」柄

青年会

太鼓の管理と運営は、
五・六之宮太鼓愛鼓会が
行っています。
メンバーは約６５０人。
多くの人が参加しています。

本部ばんてん

支部ばんてん
「関東武蔵総社」

太鼓関係

お囃子関係

衿字には
（志ん宿）
のマークと
「新宿」の
文字

大紋は
「囃子」

明るい
グレー色

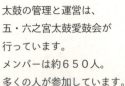

5月5日の
神輿渡御の前に、
その道筋を清める
「道清めの儀」（P28参照）も
新宿町が担っています。

パシャン
パシャン
この行列を横切ってはいけない。
「道がけがれる」との説がある
約100名の大行列
ササラ

道清めの儀に
欠かせない
青竹の先を割って
作られた「ササラ」は
青年会が事前に
用意したものを使います。

（イメージ）
パシャン
えい
悪霊

ササラで地面を叩くと、
地中の悪霊が追い出され
道が清まると言われています。

通常、神輿の中心には
芯柱がありますが、
五・六之宮の神輿には
芯柱がなく、周りの堂柱のみで
支えているのが特徴です。
また、五・六之宮の神輿には、
屋根の野筋4カ所に
登り龍と下がり龍の彫り物が
あることも特徴だといえます。
(龍は取り外しが可能です)

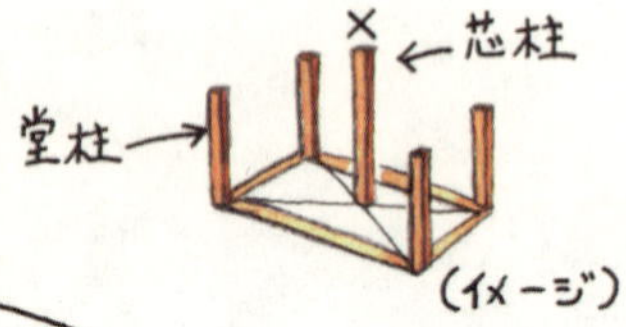
芯柱
堂柱
(イメージ)

五・六の神輿にはお榊《さかき》がついています。その理由は……

神輿の上にぐりがついていた時代、どこが正面だかわからなかったので(正面の)目印としてつけた名残です
五之宮 神輿取締の はんてん

垂木《たるき》には新宿町の文字も
新宿町
新宿
新宿

新宿のお囃子は船橋流。この流派は新宿の堀江氏が、田無の方から受け継いで府中で発展させたとの説があります。

新宿のお囃子の山車はとても豪華です。因幡の白ウサギや、龍、天女、亀など、多彩な彫り物が各所に施されています。

※詳細はP110を参照

五之宮神輿の世話元は新宿町です。江戸時代、府中は甲州街道を行き来する人たちの宿場町でしたが、新宿は「新しい宿」と書くその名の通り、本町や番場に次いでできた最も新しい宿場町でした。

明治時代、町内が神社に代わって神輿の御奉仕をすることになった際、新宿は五之宮と六之宮の２つの神輿を受け持っていました。その後、昭和21年に五之宮を新宿、六之宮を東馬場と新成区に分担して今に至っています。

五・六の神輿の正面には、お榊がついているのも特徴です。その理由は昔、神輿の上が鳳凰ではなく葱花だった時代「どっちが前だかわからないので、目印としてお榊をつけた」からといわれています。ちなみに、今では神輿の屋根の「垂木《たるき》」という部分に小さい十二支が彫られている方が前面と見分ける方法もあるようです。

さらに通常の神輿では中心にある芯柱がなく、周辺４カ所の堂柱だけで支えられているのも特徴です。町内の方曰く「今は芯柱のない神輿は作れないらしいので、とても貴重」とのことでした。

五之宮の見どころの１つに「道清めの儀」があります。この神事を五之宮が務めているのは、昔、この役割を町内へ分担した時に新宿町に住んでいた福島宗平氏が引き受けたためです。現在でも、その伝統を受け継ぎ、新宿町が道清めの儀を執り行い、福島家の方々がその後に続く神職の人たちの先導を務めています。

太鼓に関しては、五・六之宮は共通の太鼓を担当しています。この太鼓の管理・運営を行っているのは「五・六之宮太鼓愛鼓会」です。約６５０人（平成30年調査時点）のメンバーがおり、実際に五・六之宮の太鼓が登場すると、率いる人の多さと壮大で勇ましい光景の勢いに圧倒されます。

また、新宿町はお囃子に関しても歴史が古いといわれています。大正14年頃に町内で「囃子を習おう」という流れが起こった際に、当時この町に住んでいた堀江銀蔵氏が田無の知人から船橋流を習い、新宿町の人々と一緒に祭を盛り上げたといわれています。戦争で一時中断しましたが、昭和22年頃に再開し、その後は府中市内において船橋流の発展に貢献しています。

# 六之宮《ろくのみや》

六之宮の神輿の世話元は東馬場《ひがしばば》と新成区《しんせいく》の町内です。この町内は担ぎ手となる住民が少ないため、町内を支える大勢の講中と密な連携を図っていることが、特徴に挙げられます。

宮色は
五之宮と同じ
むらさき色
六之宮は講中が多いのが
特徴です。広範囲に渡っています
町内ばんてんも
五之宮と同じ
「吉原つなぎ」柄
拡大図
なので オカエリの際などは
はんてんが色とりどりでカラフル
全10団体


なので五之宮と六之宮の神輿は

「兄弟神輿」と呼ばれています。

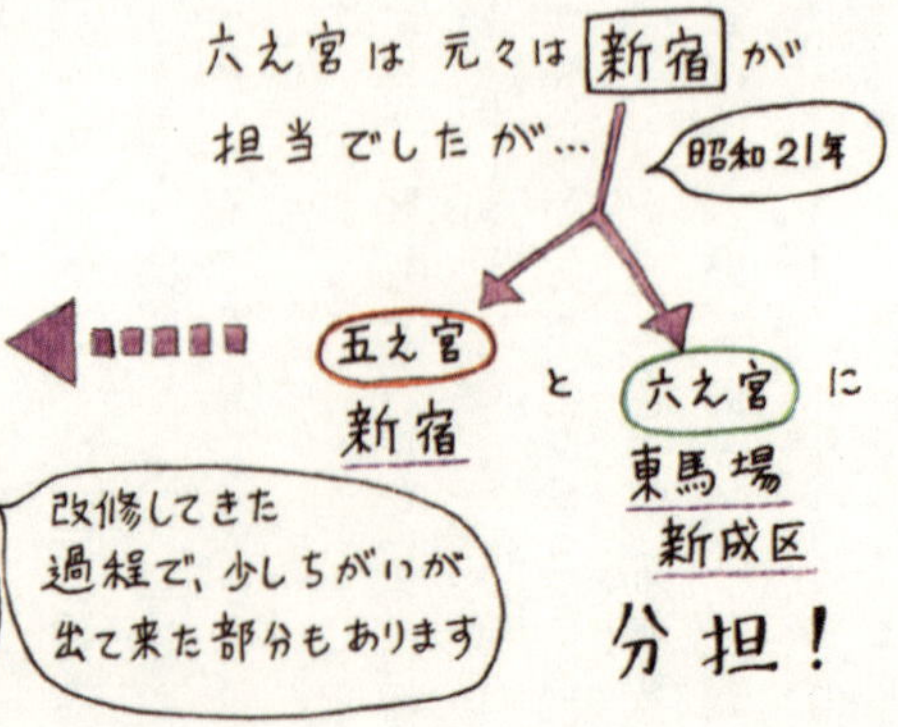

六之宮は元々は新宿が
担当でしたが…
昭和21年
五之宮
新宿
と
六之宮
に
東馬場
新成区
分担！

ホイサ
ホイサ
ホイサ
五
六
ほぼ同じですが、六之宮の方が
屋根の反り方が若干ゆるやか
です
改修してきた
過程で、少しちがいが
出て来た部分もあります

## 六之宮のここに注目①
## 東馬場の会所に獅子頭！

会所とは各町内の拠点のことで、東馬場の会所には獅子頭が飾られています。それは先々代ぐらいの方々が、子供の神輿を買いに行った時、店頭に立派な獅子頭があったので購入したから……と、いわれています。

## 六之宮のここに注目②
## 神輿の蕨手に龍！

なぜ蕨手《わらびて》に龍がいるのか？それは昔、神輿の修理をした時神輿屋さんから「こういうのはどうですか」と提案され、その案にみんなが賛同したから作った……、との説があります。

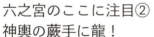

## 六之宮のここに注目③
## 女性だけで神輿を担ぐ！

5月6日のオカエリの時、宮乃咩神社の前は女性だけで神輿を担ぎます。

みやのめ神社
ホイサ
ホイサ
ホイサ
ホイサ
前押さえ役も女性
安産など女性に縁の深い神様…なので

新成区

## 青年会について

衿字は「新成区」
新成区は独特の柄
東馬場は町内ばんてんと同じ柄
衿字は「東馬場町」
東馬場
大紋は「六之宮」
府中の文字が所々に入っている
町内と青年会のちがいは大紋。町内は「祭禮」青年会は「六ノ宮」と書かれている

両サイドに!!
六
ココ

青年会は必ず烏帽子に町名を入れるのが決まりです。それは部外者を見分けて、安全に祭を行うためです。

六之宮の神輿の世話元は東馬場と新成区の町内です。以前は五之宮と共に新宿町が担当していましたが、府中市の発展に伴って、昭和21年に役割を分担し、今に至っています。そのため五之宮と六之宮の神輿は「兄弟神輿」と呼ばれており、共通点も多いのが特徴です。

東馬場と新成区の町内は人数が少ないこともあり、多くの講中によって支えられています。そのため、集まった時の袢纏も彩が様々です。

この町内には、他では見られない特徴がいくつもあります。例えば、東馬場の会所に、大きな美しい獅子頭が祀られていたり、神輿の蕨手部分に金色に輝く繊細な装飾の龍が施されていたりするのです。

そんな六之宮の町内の特徴は、くらやみ祭の最大の見どころの１つである神輿渡御の際にも見ることができます。５月６日のオカエリの際、神社境内の宮乃咩神社の前を女性だけで神輿を担ぐのです。これは同神社が安産祈願など女性に縁が深いことに由来しています。宮乃咩神社の手前になると担ぎ手の男性が１人、２人と抜けていき、代わりに女性が入ります。こうして神社前ですっかり担ぎ手が、どんどん女性に入れ替わっていくのです。その後、随神門辺りまでは女性だけで神輿を担ぐという珍しい光景を見ることができます。

六之宮の町内は講中も含めると、他の宮と比べて女性の担ぎ手がたくさんいます。ある時「女性だけで担いでみたところ、上手にできたので「オカエリの時だけでも女性だけで担いでみよう」となったようです。女性陣にも「背の高さがあっているから担ぎやすい」と好評で、最近では他の宮の女性もさりげなく参加することもあるようです。

また、六之宮の町内は、青年会の烏帽子からも工夫が凝らされていることが伝わってきます。六之宮の烏帽子には、必ず両側面に所属している町内名が（アイロンプリントなどで）ついているのです。これは、部外者を見分けて、安全に祭を遂行する為に決まりとして行っているそうです。

このように様々な面で、六之宮らしさを発揮しながら、祭を安全に楽しもうという工夫が随所に見受けられます。

## 御霊宮神輿《ごりょうぐうみこし》

段葺《だんぶき》の切妻唐破風《きりつまからはふ》の
四角い神輿
ホイサ
ホイサ
御霊大神《ごりょうおおかみ》を
まつっていると
言われています
平安時代の
牛車の形
世話元は本町中組《なかぐみ》。
講中は矢崎・四谷です
この一基だけ
他とは形も渡御の
ルートも異なります
それはなぜか

元は別の祭礼として行われていたようですが、いつの頃からか例大祭と一緒になったそうです。

中心の神様は
スサノオノミコト
(イメージ)

御霊宮の神は一段高い神位の神様ともいわれています。

---

四神旗とは天上の四方の方角を司る神様のこと。また昔の中国では四季を司る神の名称ともいわれています。

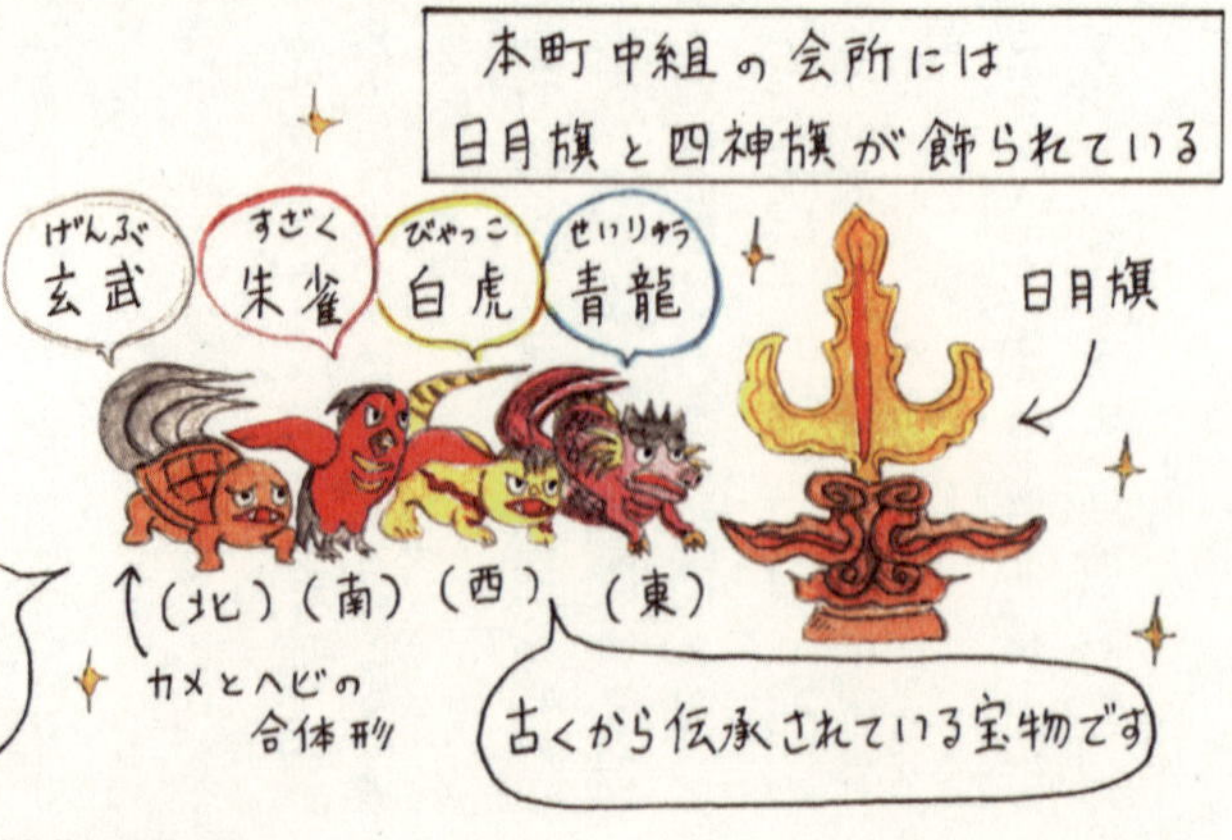
本町中組の会所には
日月旗と四神旗が飾られている
玄武《げんぶ》
朱雀《すざく》
白虎《びゃっこ》
青龍《せいりゅう》
日月旗
(北)(南)(西)
(東)
カメとヘビの
合体形
古くから伝承されている宝物です
御霊宮の
守護神です

※かなり古い物ですが、作成年代は不明です。

## 御霊宮御先払太鼓《ごりょうぐうおさきばらいたいこ》

御霊宮御先払太鼓は、本町上組がご奉仕しています。御霊宮神輿を先導し、先払いをする役太鼓です。くらやみ祭で使われていた太鼓は元々2張だけで、当初からある御先払太鼓と御霊宮御先払太鼓を他と区別して「役太鼓」と呼んでいます。以前は講中に任せていたこともありましたが、現在は上組の太鼓責任者が太鼓の全責任を負っています。

えぼしには「先拂」の文字
上乗りは 2人
先拂 御太鼓役

警固提灯に「先拂」や「太鼓役」の文字を入れられるのは、役太鼓だけです。

本宿 と 四谷 の 方々は
太鼓には参加していますが
講中ではなく「太鼓愛好団体」
と言う位置付けです
でも、提灯には以前のまま
29地区の講中名が記入されている

5日の神事の時、お旅所の中に入れるのはこの太鼓だけですが…
きりっ
それはなぜですか？
町内の方
1
それはこの太鼓が役太鼓だからですよ
なるほど
ではなぜ御先拂太鼓は中に入らないんですか？同じ役太鼓なのに…
2
前は入っていましたが、太鼓が大きくなったから…入らなくなったんです
さらり
シンプル
単にサイズの問題！
何か深いイミがあると思ってた
3

# 御霊宮神幸行列《ごりょうぐうしんこうぎょうれつ》

御霊宮神幸行列とは、
5月5日の神輿渡御の際に
御霊宮の太鼓と神輿の先を
歩いて御先払いする行列です。
行列は随神門から始まり、
古来の例大祭の順路と
考えられている西鳥居を出て、
駆馬道を通って御旅所に向かいます。
御霊宮の神輿は
大鳥居まで行ってから戻ってきます。
（P38参照）

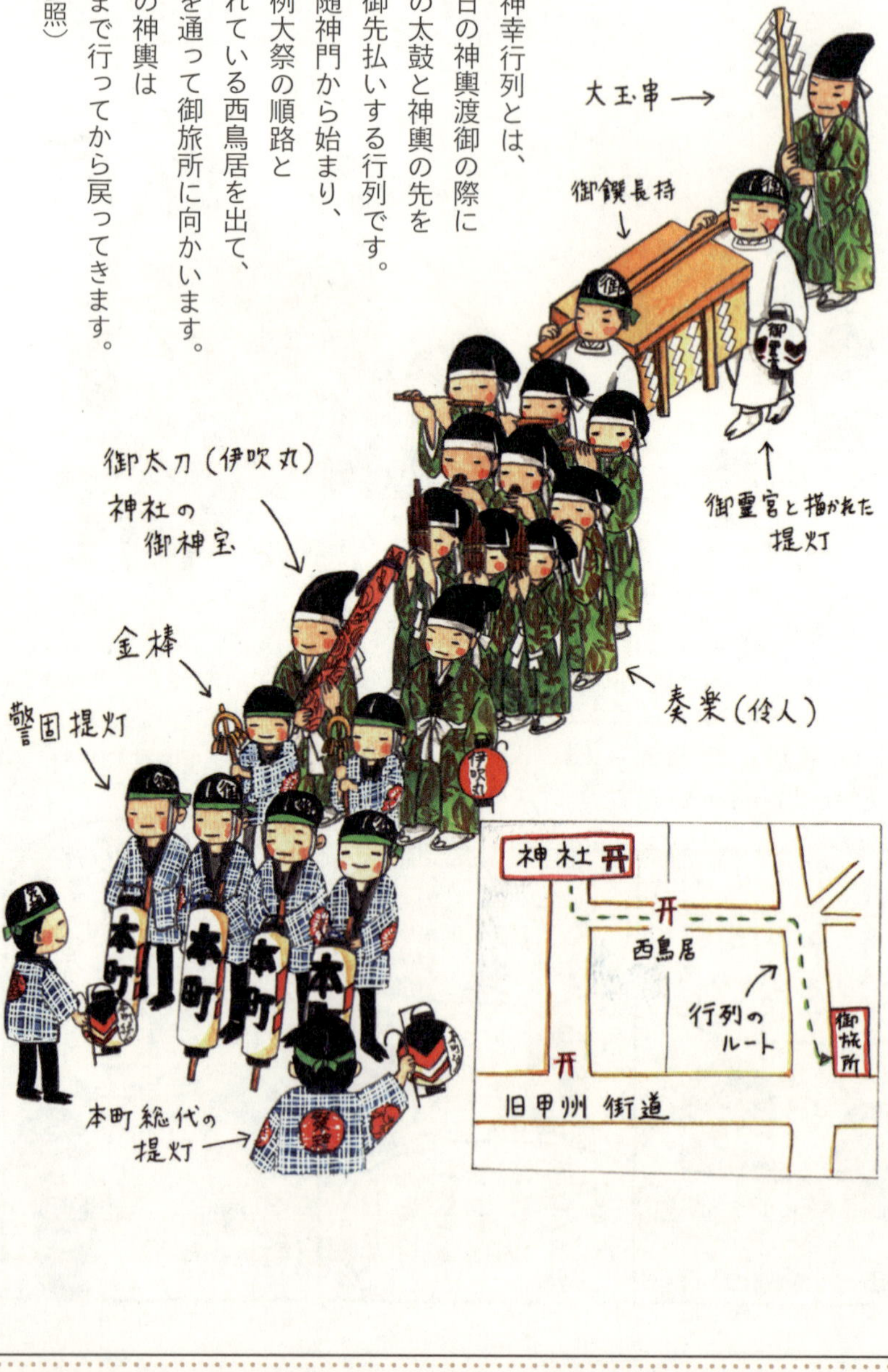

御霊宮は御先払太鼓を本町上組が、神輿を本町中組がそれぞれ分担して御奉仕しています。御霊宮は他の神輿に比べてその見た目、内容に特徴があります。

そもそも御霊宮は、例大祭とは異なる「御霊会」（P48参照）という別の祭として祀っていたといわれています。それがいつしか例大祭と一緒の祭になった様です。そのため神輿もこの一基だけは切妻唐破風《きりつまからはふ》という形ですし、神輿渡御（オイデ）の際に進行するルートも他の神輿とは異なります。

他にも、中組の会所には四神旗が飾られていたり、5月6日のオカエリの際は矢崎町付近と神社の西鳥居付近でかがり火が焚かれていたりするなど、他とは違う珍しい光景を目にすることができます。特筆すべきは、矢崎町のかがり火越しに見るオカエリの光景です。早朝5時過ぎ、きりっとした冷たい空気の中を本町の上・中・下組の方々が、それぞれが担う太鼓や神輿と共に朝日を浴びて輝きながらゆっくりと坂を下ってきます。かがり火を通して、その姿を見ると、幻想的に揺らいでなんともいえない荘厳な美しさが浮かび上がります。祭の終焉と、新しい1年の始まりを告げるにふさわしい新鮮で清々しい光景です。

御霊宮の御先払太鼓は、古来より「役太鼓」として例大祭で御奉仕をしていました。オイデの時に中雀門内に入れるのは、小金井講中が中心となって御奉仕している「御先払太鼓」と合わせて二張りの役太鼓だけです。そのことから見ても、大事な役目を担っている太鼓であることが読み取れます。

太鼓の上に乗っている上乗《うわの》りが持つ警固提灯には「御先払太鼓役」と書かれています。この「先拂」や「太鼓役」の文字が使えるのも役太鼓だけです。さらに太鼓の上乗りは規定で4名までと決まっていますが、御霊宮御先払太鼓は「2名だけ」と決めているなど、随所で他とは違った特別な部分が見受けられます。

また、神輿渡御が始まる前、この二張りの役太鼓だけは、中雀門内に入り拝殿の前で開始を待てるので、そこで行われる「神幸威儀物の引き渡し」の様子を見たり、渡御が始まると今度は随神門前の西参道に待機しているため、各神輿や太鼓の迫力ある通過を間近で見たりすることができるなど、この太鼓の関係者のみの特権がいろいろとあるようです。

# 御先払太鼓《おさきばらいたいこ》

神輿渡御の際、神輿の先導をして、道を清める役割を持つ、役太鼓です。

台車とあわせて5トン!
大國魂神社
直径2m
実際に祭礼で使われている、くりぬき胴の太鼓としては日本一の大きさ!
アフリカ・カメルーンからの木!
えぼしには「先拂」の文字 色はみどり色
以前は本町扱いの講中さんだったので、本町の宮色と同じ色です
大紋は「御先拂」
「祭禮」(さいれい)の文字
衿字は「御先拂」の文字
先拂 御太鼓役

この太鼓は、小金井と調布を元講（講中の中心を担う地域）とした、三鷹、西東京など、**36**カ町村の講中によって運営されています。

**なぜ小金井の講中が?!**

昔々、祭が荒れていた頃、小金井小次郎さんという侠客が祭りを鎮めていたから、という伝説があります。

とうっ
こじろう
イメージ
その子分が集って先導したのでは…とも語りつがれています
おやぶん!!
本名は関 小次郎さん

5月5日の神輿渡御（オイデ）の際に、他の太鼓の先陣を切って大観衆の中を登場します。その姿は迫力と威厳に満ちています。

わー
わー
わー
わー
わー
わー
わー
登場すると
周囲から
大歓声がおこる
揃いのスタイルで
整然と並ぶ姿は
とてもキレイ

御先払太鼓講中の方々は、威儀物行列の捧持役《ほうじゃく》なども務めています。

神輿渡御の御先を払い、威儀物の役を務めることは、誇り高い役目です。

# 青年会

青年会とは、町内の中で組織を支えている若手の会です。くらやみ祭では警備をはじめ、様々な場面で活躍しています。

わかりやすく考えると…
町内が親なら
青年会は子供
みたいな関係です

キリッ
「若い実動体」と言う位置付けです
色々な活動をします

くらやみ祭における青年会の役割いろいろ
万灯大会
万灯
神輿渡御
お神輿を担ぐお手伝い
や
お神輿がスムーズに運行できるように守る役目
(中雀門警備)
ホイサ
ホイサ
← 前押さえ役
お神輿が進みすぎないように…
山車の運営
山車
山車
山車はお囃子保存会と青年会が主体となって運営しています
こども神輿のお手伝い
ホイサ
ホイサ
こども

他にも各町内に振り分けられたご神事のお手伝いもしています。

番場は潮盛講
品川
汐盛講
新宿は道清め
京所は競馬式の際の神職警固
など

そして
お祭りをみんなで仲良くやるために
各町内の横のつながりをもとう！
府中市青年会連合会（府青連）が
発足！
その後、各宮の氏子が集って…
青年大祭委員会（青大）が出来る
青年会のまとめ役的な存在です
青年会は昔は青年団と呼ばれていました。
青年団
近年
青年会に変更した際
何か新しい事したいね
スタイルを統一させよう
などなど

青

青大のメンバーは、くらやみ祭の神輿渡御の際、「青」と書かれた烏帽子をかぶって中雀門の警備を行います。

この烏帽子は「大國魂神社 氏子青年崇敬会」という組織の方がかぶることもあります。

## 万灯《まんどう》大会

万灯大会とは、5月4日に行われる青年大祭委員会が主催の行事です。

万灯とは花飾りがついた笠のことで、山車や太鼓と同様、祭りの際に奉納されます。万灯大会は、色鮮やかに飾り付けられた万灯の出来栄えや、振る技を競い合う大会です。

盛花
（もりばな）
一例
お花をひとつひとつ折って切って、バレンにつけて広げる…その作業はとっても大変
上が重く
下が軽い
万灯は「回す」と言うよりも「振る」と言う表現を用います
万
灯
手カクシ
振り手


万灯を振るには力が必要ですが、振り手のセンスの有無も、同時に問われます。振る時にバランスを取ることが大事だそうです。

大会の採点方法は……

**出来栄え点** ＋ **振り点** ＝ **総合点** で、決まります。

（見た目がどれぐらいいいか）（振り方がどれぐらいいいか）

神様へのご奉納なので雨でも決行しますが、雨が降ると万灯が重くなり飾りも落ちてしまうそうです。

大会当日
晴れてよかったです
いいお天気ですねー


はな も、うすい紙で作られているから べしゃっ と なっちゃうんですよ

青年会は、町内の中の若年層で構成された組織です。昔は30歳前後までが目安でしたが、最近では年齢のラインが上がり、40歳くらいの人もいます。青年会の若い力が祭において大きな効力を発揮しているのはいうまでもありません。

こうした若年層で構成されている組織は府中市内にいくつかあります。くらやみ祭で、特に活躍しているのが「青年大祭委員会（通称・青大）」です。青年会のまとめ役的な存在で、主に警備面で大きな役割を果たしています。関係者、観光客を含めて大勢の人が詰めかける祭では、安全対策はとても重要な要素です。

他にも「大國魂神社氏子青年崇敬会《おおくにたまじんじゃうじこせいねんすうけいかい》（通称・氏青《うじせい》）」という会があります。これは町内を基盤とした青年会ではなく、神社を崇敬している青年層で組織された会です。そのため、くらやみ祭だけでなく、年間を通じて神社で行われる全ての祭にご奉仕しています。同じく神社にご奉仕している「奉賛会《ほうさんかい》」という組織とは親子のように見えますが、立場的には横並びの関係性だそうです。また、くらやみ祭において、氏青は青大に対して「協力団体」として関わっているので、両者は同じ烏帽子をかぶったり、共に万灯大会に参加したりするなど、幅広く活躍しています。

他にも「府中市青年会連合会（府青連《ふせいれん》）」という組織もあります。これは府中の地元のために良い活動をしていこうとする人々の会です。青年層の方々はこれら3つの会のいずれか1つにだけ入っているわけではなく、複数入会されている方もいます。

また、5月4日に行われる万灯大会を取り仕切るのも、青年大祭委員会です。万灯の制作は大会に参加している各町内の青年会が行います。万灯の天辺に飾る「盛花《もりばな》」の制作や、周囲に張り巡らされた「馬簾《ばれん》」に紙花を取り付けるのは、大変骨が折れる作業です。しかし、完成した万灯が祭当日に振られる様は、非常に華やかで楽しい光景なのは間違いありません。

万灯大会は、万灯の見た目と振り方を総合的に競う大会でもあり、優勝するとトロフィーと賞状が授与されます。また、大会終了後に引き抜いた馬簾は、家に持ち帰ると「厄除けのご利益」があるといわれています。

# 大祭委員《たいさいいいん》

大祭委員会とは、くらやみ祭を安全かつ無事に斎行するための組織です。各宮の代表者などで構成されており、大祭の企画立案や全体的な運営を行っています。

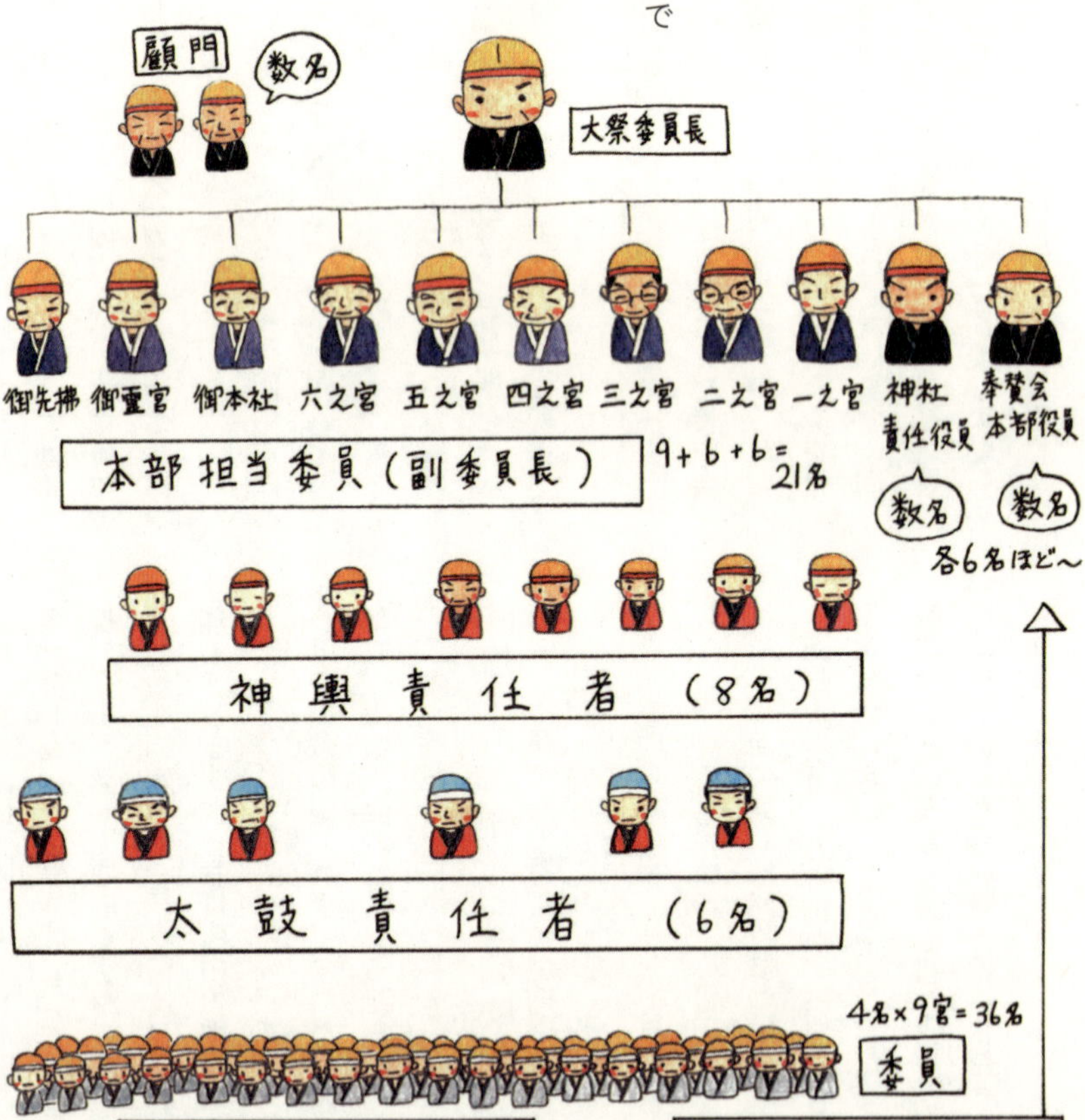
顧問
数名
大祭委員長
御先拂
御霊宮
御本社
六之宮
五之宮
四之宮
三之宮
二之宮
一之宮
神社責任役員
奉賛会本部役員
本部担当委員（副委員長）
9+6+6=21名
数名
数名
各6名ほど～
神輿責任者（8名）
太鼓責任者（6名）
4名×9宮=36名
委員

委員は一之宮～六之宮、御本社、御霊宮、御先払太鼓の各宮担当町内から推薦された人々で形成されています。

＋

大國魂神社奉賛会本部役員と大國魂神社責任委員の中から選ばれます。

## 本部担当委員（副委員長）のスタイル

烏帽子、袢纏、手丸提灯、腕章、たすき、などは神社から貸与されます。大祭委員は昔ながらの土地の人や、祭をきちんと盛り上げて遂行できる方などが行っています。

## 上記以外の大祭委員のスタイル

## 太鼓責任者

通称・太鼓長
水色（青）のえぼしに「太」の字
所属が記入されている（宮号みやごう）
白色
白布に神鼓の宮号を書いたもの
えんじ色
太鼓長の提灯
衿字は「宮号と太鼓長」と「大國魂神社」の文字
御太鼓の巡行責任者です


## 神輿責任者

通称・神輿長
輿長《こしちょう》とも
赤色
黄色いえぼしに宮号
えんじ色
衿字には「宮号と神輿長」と「大國魂神社」の文字
神輿長の手丸
御神輿の巡行責任者です


それぞれの巡行に関わる人をまとめたり、祭が安全に運営できるように努めています。袢纏はどちらも神社から貸与されており、大紋は「國魂」と菊の御紋です。

どの宮も同じスタイルです

## その他の役職

大祭委員制度以前は、各町内の「総代」と呼ばれる役職の人が祭を仕切っていました。現在の総代の役割は、各町内によって様々なようです。

大祭委員制度ができるまでは、一番偉い人だったので……

総代《そうだい》

今は各町内によって、立場は様々です
名称だけが残っている所とか色々。
赤丸提灯が持てる!
赤丸を持つのが青年の夢!!
だった時代も
うわぁ
昔は…
赤丸には絶対さからうな!!
はいっ

と、一目置かれていた存在のようです。

### 輿守《こしもり》

御旅所で一晩、神輿を守っている役です。御旅所神事のお手伝いをする人ともいわれてます。

お神輿の前を御幣(ごへい)を持って先導する(幣束(へいそく)とも)

他にも「取締」や「行事」などの役職がありますが……

町内によって、ある所とない所があります
仕事もそれぞれなんです
取締
副総代みたいな役目を果している町内もある
行事
警固とか年番の仕事の一部を行っている所も

# 講中《こうじゅう》

講中とは、町内と連携して祭の運営に参加している伝統的なサポーター組織です。

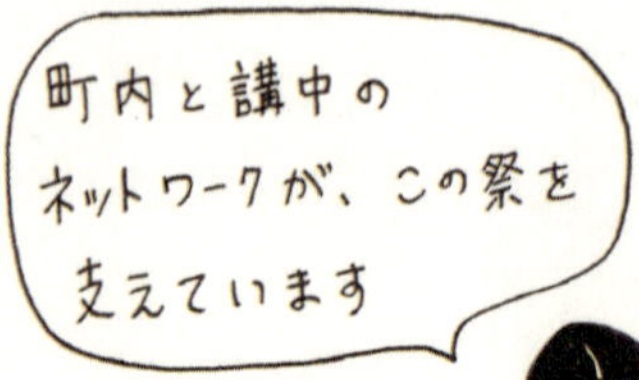
町内と講中のネットワークが、この祭を支えています

神社への崇敬者の団体…とも表されています
講中
町内
地縁的組織…とも

四カ町以外の市内はもちろん、品川や小金井など、市外各地にも存在しています。

広範囲の様々な地域から大勢の方が参加しているので…
はんてんの種類も様々なのです
わいわい
カラフルー

ここにいるよ
とある地域

しかしなぜ、そのエリアに講中がいるのか

?

それを解明するのは難しいようです。

ちなみに講中には色々な種類があります
幅がヒロイ
奥がフカイ

・神輿講中
・太鼓講中
・御先払い講中
……などなど。

また町内と講中の関係性は、各宮によっても異なります。

※ 諸事情あり。考証はむずかしい。

昔は来てくださった講中の方々に、白米を提供していたという逸話もあります。

さぁどうぞ
宿もありますよ
宿場町ですからね
わあっ
すごい
府中のお祭っていいねー!!
大人気!
(まだ白米が珍しかった時代)

また現在は、来てくださった講中さんの地元で行われる祭に大祭委員の方々がお手伝いに行っています。

府中の祭ではお世話になりました
ああどうも
大祭
講中さんの地元

祭がさびれてきた…
このままではいけない
講中さんを大切にしよう!
とある町内

たとえば近年、商業ビルが立ち並んだ関係で、その地域の住民が少なくなったり、神輿を担ぐ人がいない状態のエリアなどは……

講中さん来て頂いてありがたい!!
助かったー
町内
一緒に神輿を渡御して下さって感謝!
講中の方々
協力しますね

……というように講中組織は、祭と町内を支える非常に優れた大切な制度なのです。

**Column**

**深読み豆知識③**

# 神職の衣装について

神職には身分や階級があり、
それによって身に着ける
衣装の色や柄が異なります。

| （主な）階級 | 身分 |
|---|---|
| 宮司《ぐうじ》（神社の責任者） | 特級 |
| ↓ | ↓ |
| 権宮司《ごんぐうじ》 | 一級 |
| ↓ | ↓ |
| 禰宜《ねぎ》 | 二級上 |
| ↓ | ↓ |
| 権禰宜《ごんねぎ》 | 二級 |
| ※「権」は副などの意味です。 | ↓ |
| | 三級 |
| | ↓ |
| | 四級 |

正装（衣冠単《いかんひとえ》）

大祭の時などに着る正式な服

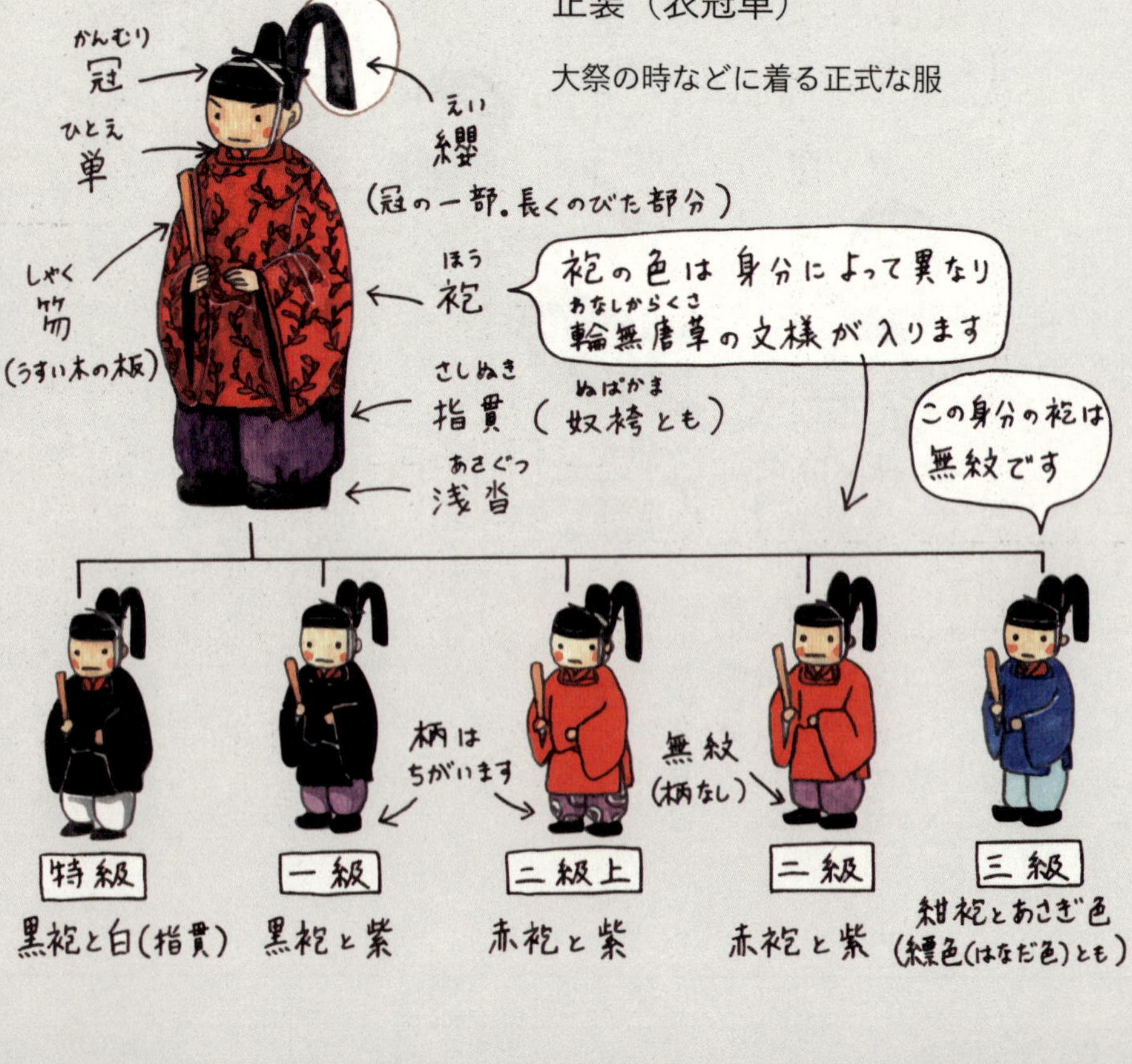

冠《かんむり》
単《ひとえ》
笏《しゃく》
（うすい木の板）
纓《えい》
（冠の一部。長くのびた部分）
袍《ほう》
袍の色は身分によって異なり
輪無唐草《わなしからくさ》の文様が入ります
指貫《さしぬき》（奴袴《ぬばかま》とも）
浅沓《あさぐつ》
この身分の袍は
無紋です
柄は
ちがいます
無紋
（柄なし）
特級
黒袍と白（指貫）
一級
黒袍と紫
二級上
赤袍と紫
二級
赤袍と紫
三級
紺袍とあさぎ色
（纁色（はなだ色）とも）

## 常装（狩衣《かりぎぬ》）

小祭やその他の儀式で着用する、日常の式服です。（神社によって使い分けは様々です）

## 唐衣《からぎぬ》

女性神職の衣装、正装バージョンです。（正装→礼装→常装）

常装

身分によって袴の色も異なります。

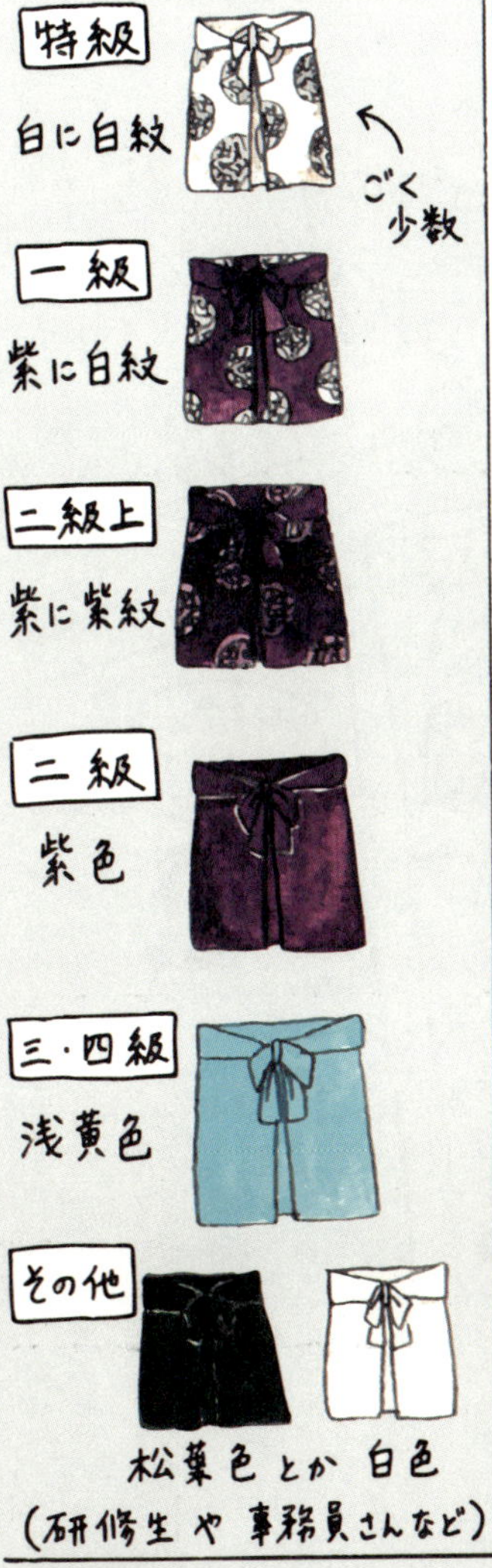

文様は八藤丸と呼ばれる図柄です。

神輿担当町内・神社周辺の配置イメージ図

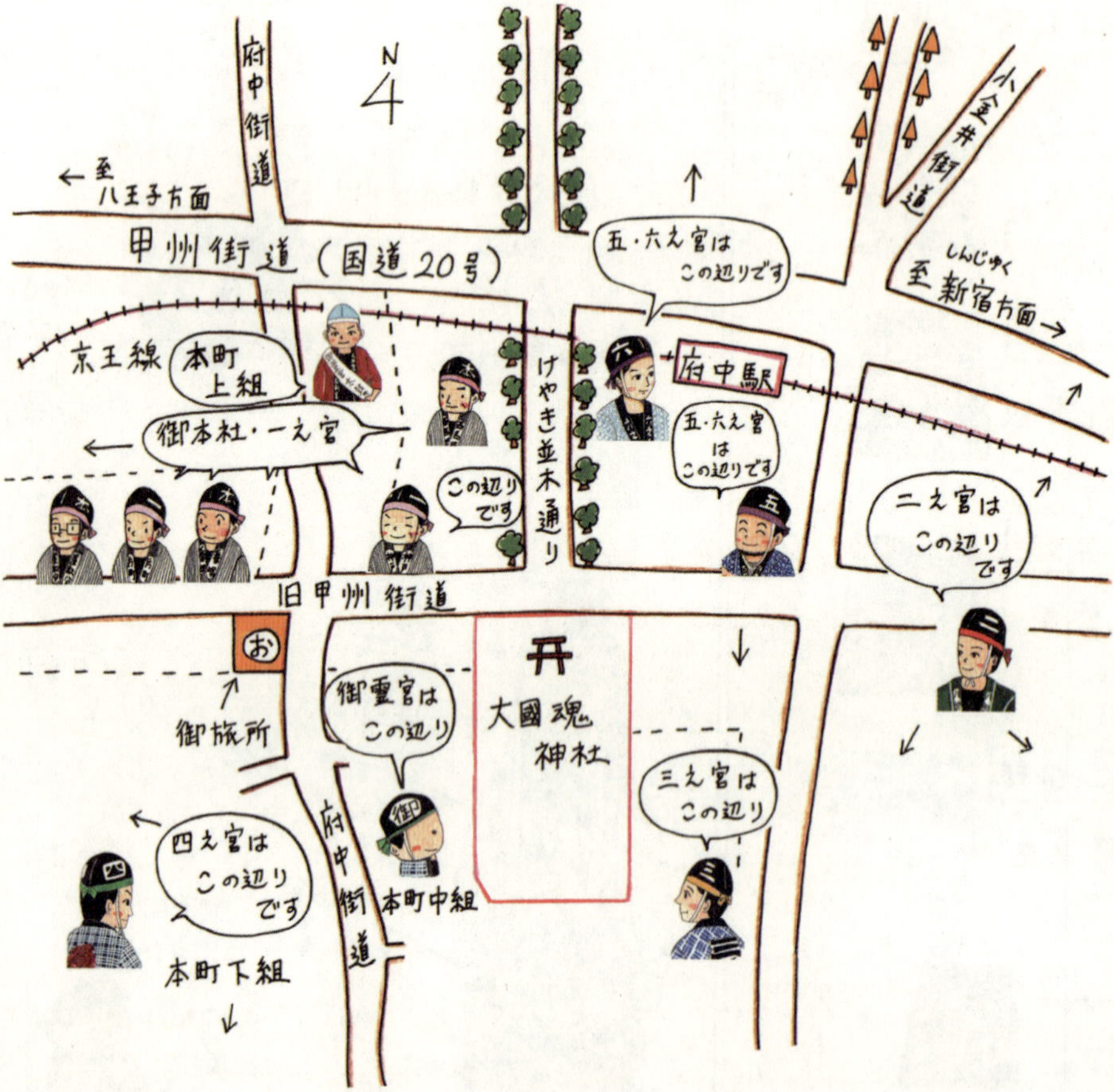

# 第4幕 くらやみ祭を支える様々なもの

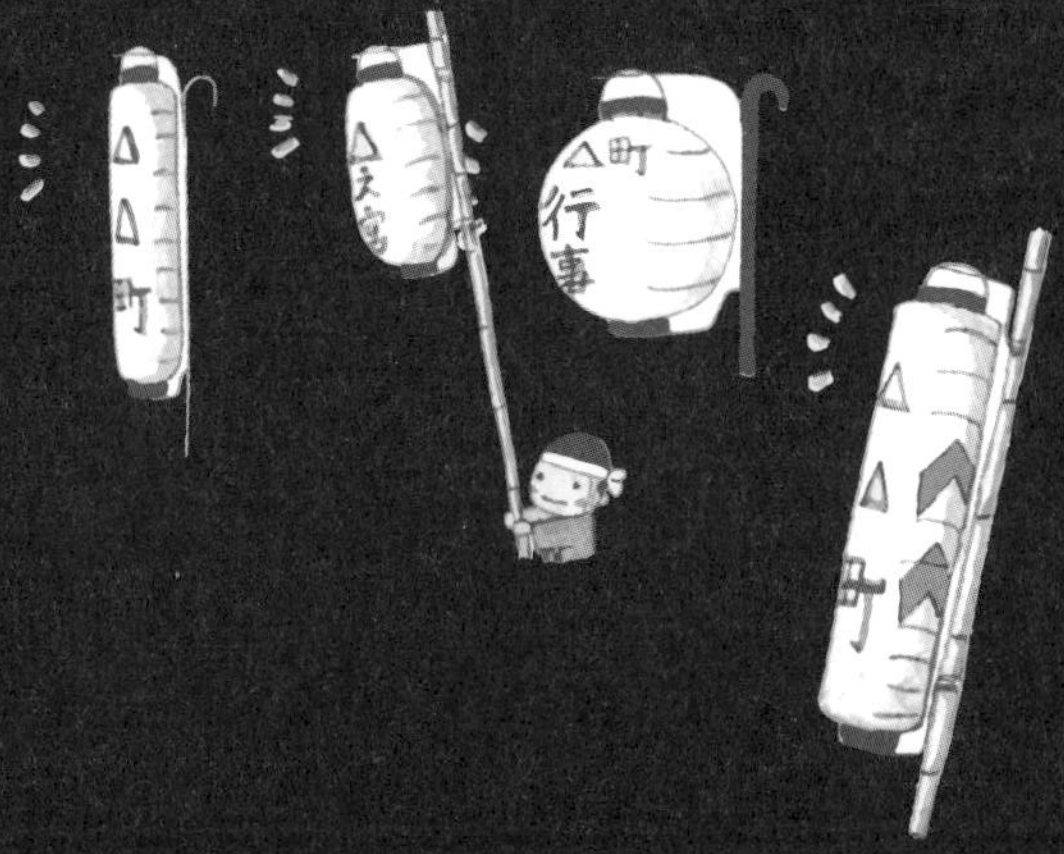


くらやみ祭では様々な道具が登場します。特に提灯、烏帽子、袢纏などには、実に多くの要素が盛り込まれており、その見方がわかると祭に対する理解も深まることでしょう。ここでは、祭を支え、華やかにしている道具の用途や意味をご紹介すると共に、会所やお囃子など祭特有の行事についても解説していきます。

# 提灯《ちょうちん》について

くらやみ祭は別名「提灯祭」と呼ばれるほど、たくさんの提灯を用いています。

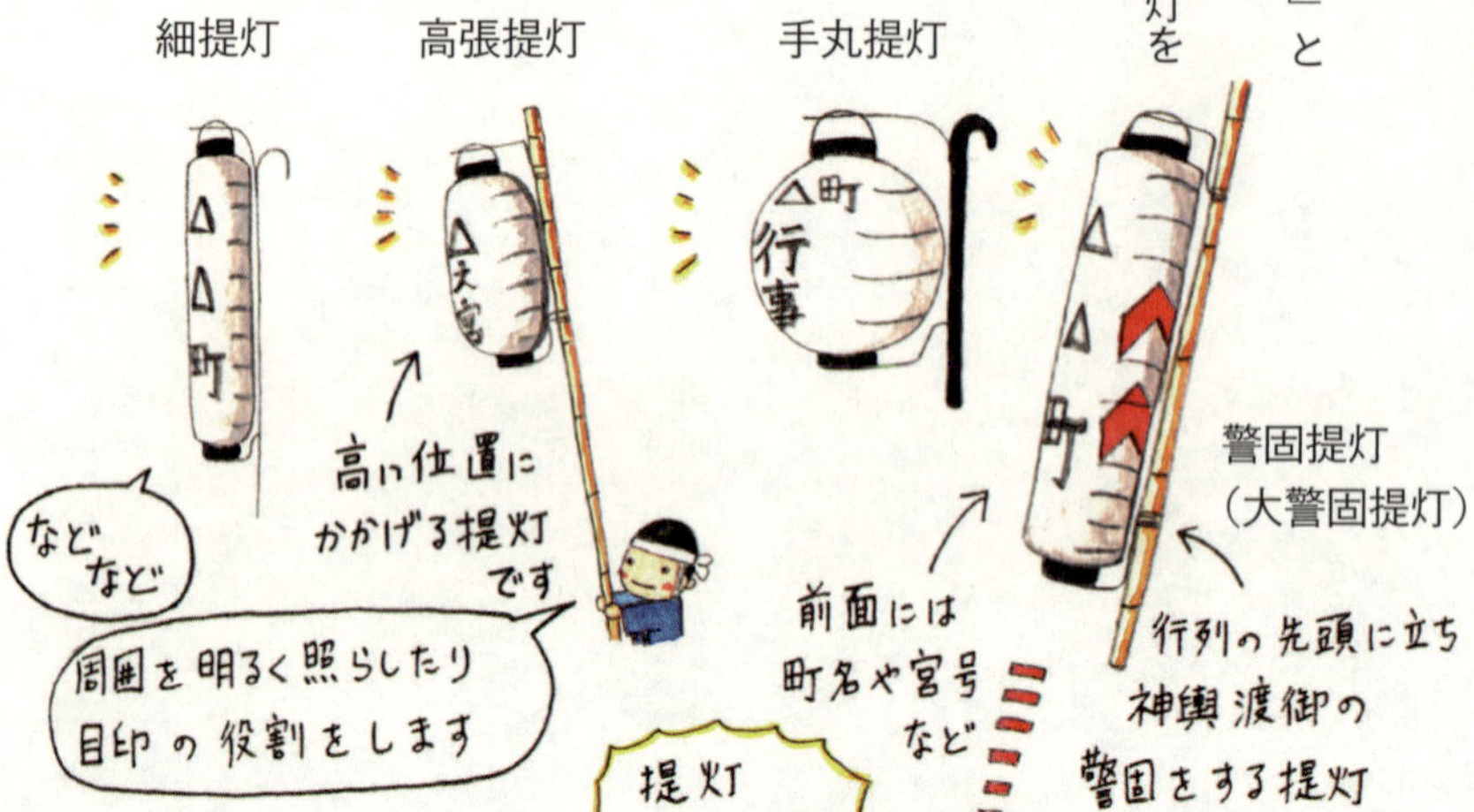
細提灯
高張提灯
手丸提灯
警固提灯
（大警固提灯）
高い位置にかかげる提灯です
などなど
周囲を明るく照らしたり目印の役割をします
前面には町名や宮号など
行列の先頭に立ち神輿渡御の警固をする提灯

提灯タブー例
警固提灯の正面に立ったり間を通り抜けるのはNG！
わーっ
提灯が高くかかげられてー
さっ
異変の合図!!
ぎゃーっ
けんかが始まってしまうそうです
ポカスカポカ

## 〜取材うら話〜

「大警固提灯」は府中独自の呼称で、通常は桶提灯（または桶型提灯）といいます。

町内の方
うちの町内は昔、大きなくおけ提灯を使ってました。他ははちおけでしたよ
くおけ？はちおけ？
?
九号桶型提灯と八号桶型提灯の略と思われる

※九号桶型（24cm× 91cm）、八号桶型（22cm× 75cm）

## 手丸提灯について

手丸提灯とは、弓の付いた手で持つタイプの丸型提灯です。

この部分は提灯をかける時に使う
弓

この提灯を持つ人は世話役ですが、役によって提灯の色は異なります。

△町 行事
他には白無地も
△町 取締
役員の提灯は白地に赤い線
△町 總代
総代格は赤地に白い線
通称
あかまる赤丸
大祭委員
大祭委員、委員長、副委員長などは全面赤色

さらに町内によって柄が異なります。

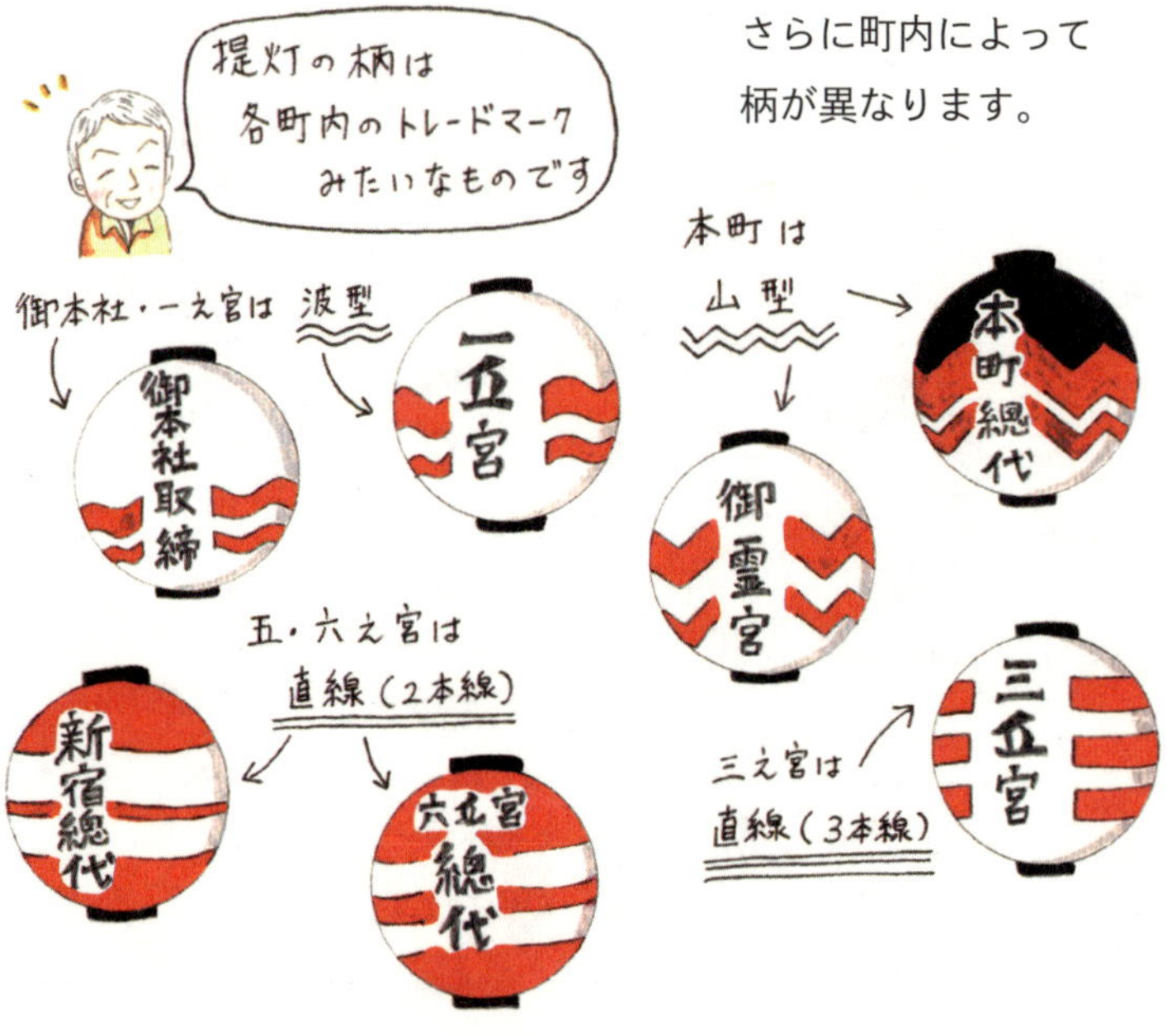
提灯の柄は各町内のトレードマークみたいなものです
御本社・一之宮は 波型
御本社取締
本町は 山型
本町總代
御霊宮
五・六之宮は 直線（2本線）
新宿總代
總代
三之宮は 直線（3本線）

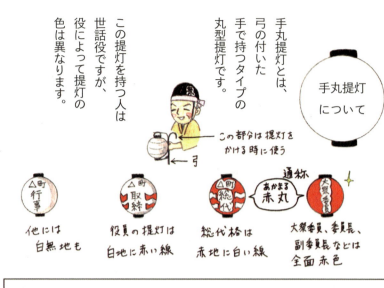

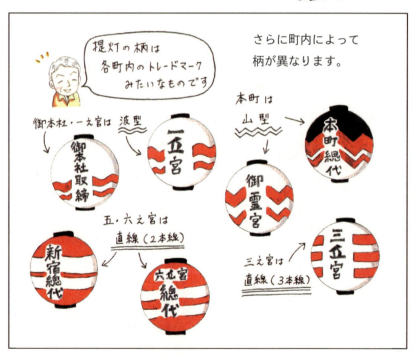

## 手丸提灯のデザイン一例

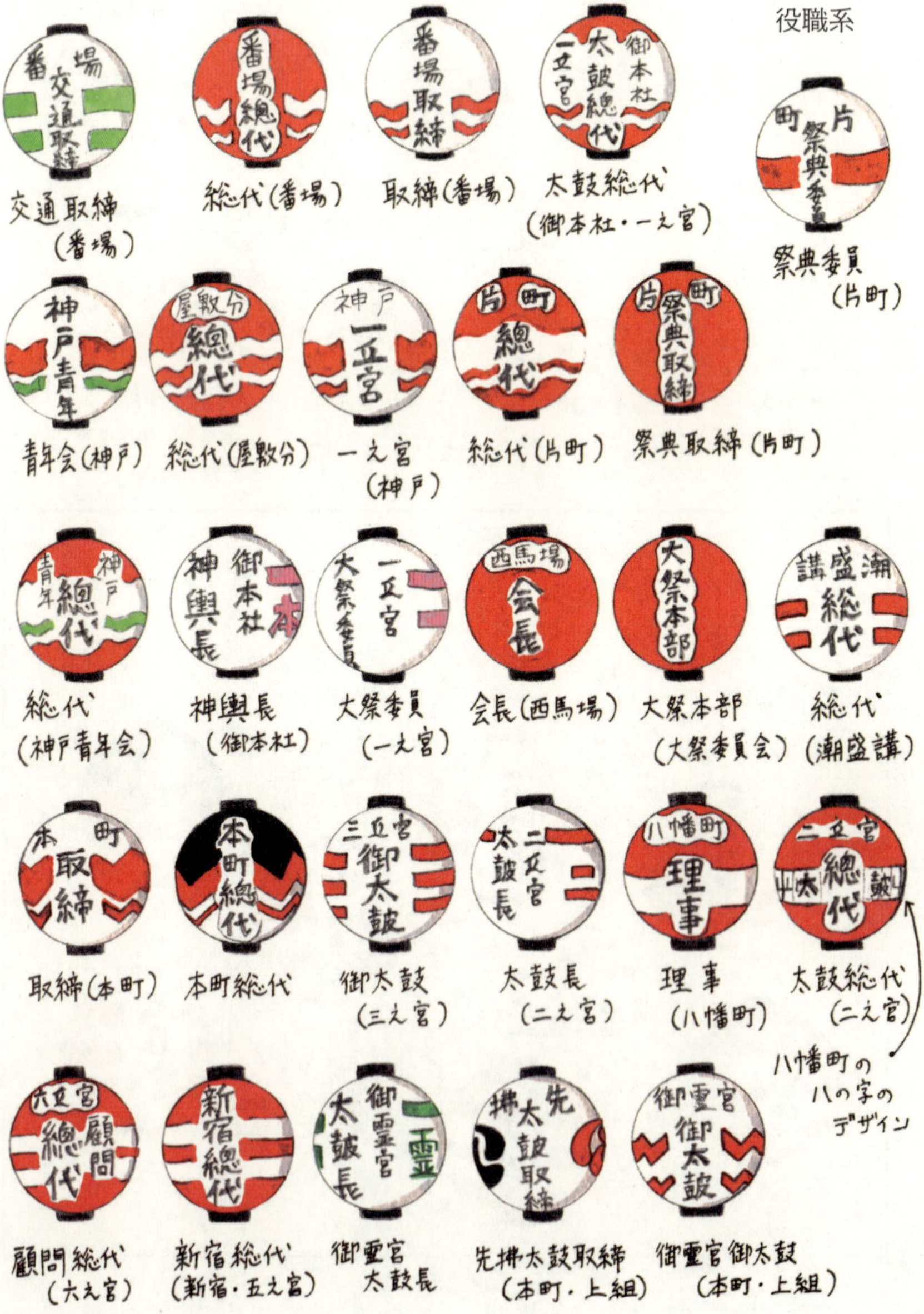
役職系
交通取締（番場）
総代（番場）
取締（番場）
太鼓総代（御本社・一之宮）
祭典委員（片町）
青年会（神戸）
総代（屋敷分）
一之宮（神戸）
総代（片町）
祭典取締（片町）
総代（神戸青年会）
神輿長（御本社）
大祭委員（一之宮）
会長（西馬場）
大祭本部（大祭委員会）
総代（潮盛講）
取締（本町）
本町総代
御太鼓（三之宮）
太鼓長（二之宮）
理事（八幡町）
太鼓総代（二之宮）
八幡町の八の字のデザイン
顧問総代（六之宮）
新宿総代（新宿・五之宮）
御霊宮太鼓長
先掛太鼓取締（本町・上組）
御霊宮御太鼓（本町・上組）

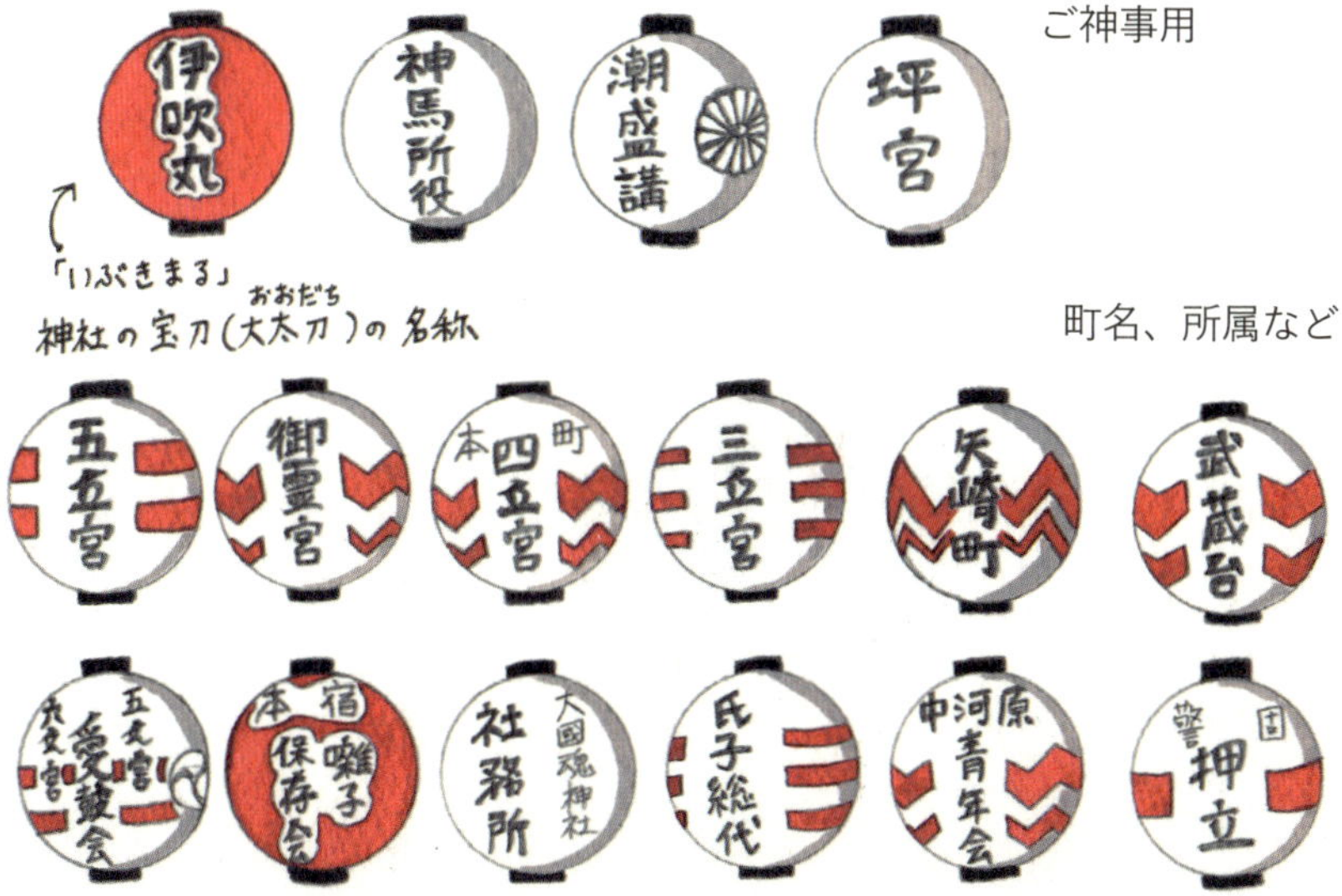
伊吹丸
神馬所役
潮盛講
坪宮
ご神事用
「いぶきまる」
神社の宝刀（大太刀《おおだち》）の名称
町名、所属など
五之宮
御霊宮
本町
四之宮
三之宮
矢崎町
武蔵台
五之宮
愛鼓会
本宿
囃子保存会
社務所
大國魂神社
氏子総代
中河原青年会
警
団
押立

他、多種あります。

以前は提灯祭とも言われていたくらやみ祭ですが…。
確かにまっ暗なオイデに対して…
やみ
てさぐり
一斉に提灯の明かりが灯ったオカエリのまばゆさ、神々しさはいかばかりであったかと…
ひゃーーっキョーレツなコントラスト!!
パアアアアアア…
ちなみに提灯の柄は伝統を継承している物なので一
なぜこの柄？
提灯屋さんが考えて作っているわけではないそうです
よってデザインの由来も町内の方のほうが知っているかと…
提灯屋さん
そして各町内、2〜3ケ月ぐらい前に提灯の状態を調べて修理に出すのが基本だそうです
祭に欠かせない大事なアイテムなのです

# 烏帽子《えぼし》について

くらやみ祭では、烏帽子によって所属している町内や役職を一目で判断することができます。

見分け方は烏帽子に描かれている文字や、使われている色などを参考にします。

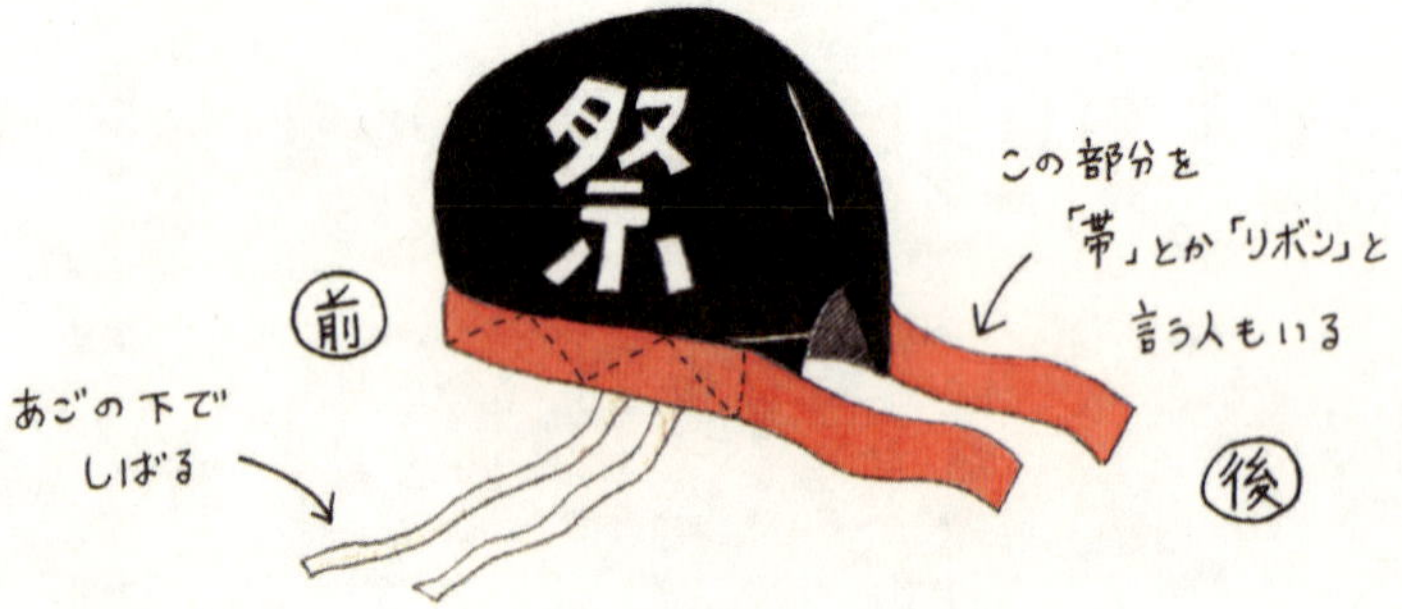


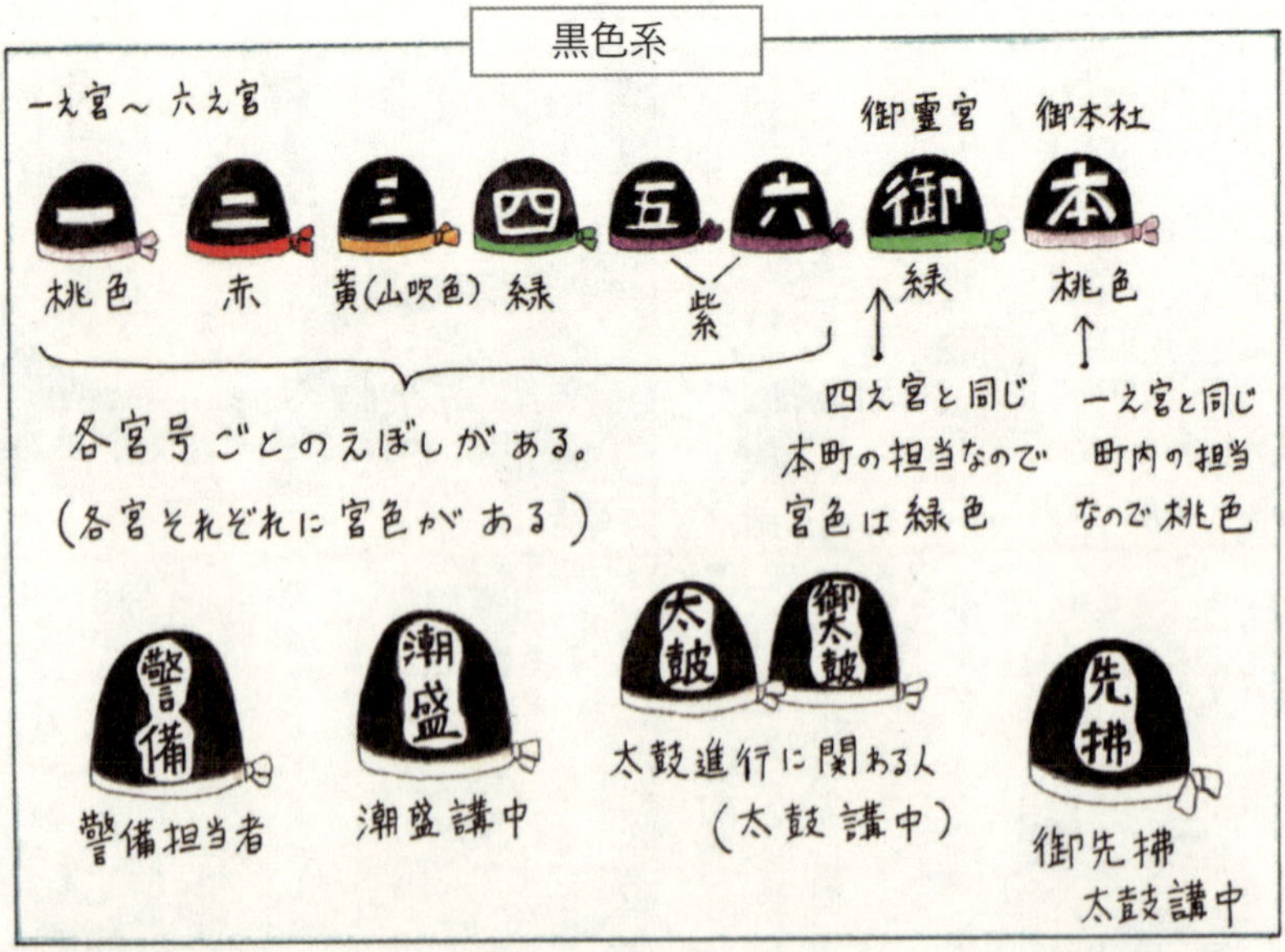


※実物は黒地に白抜きの文字ですが、
イラストでは分かりやすい様に若干アレンジして描いています。

## 白色系

各宮の神輿の担ぎ手が、
5月5日の神輿渡御（オイデ）
の時に被ります。

中雀門の中に入ることができる、
正式な担ぎ手の印です。

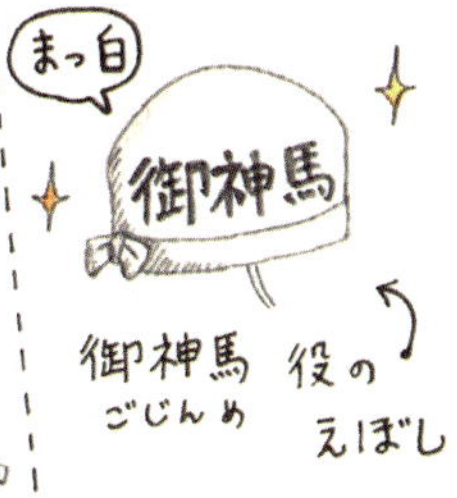


## 黄色系

役付きであることを表す色です。

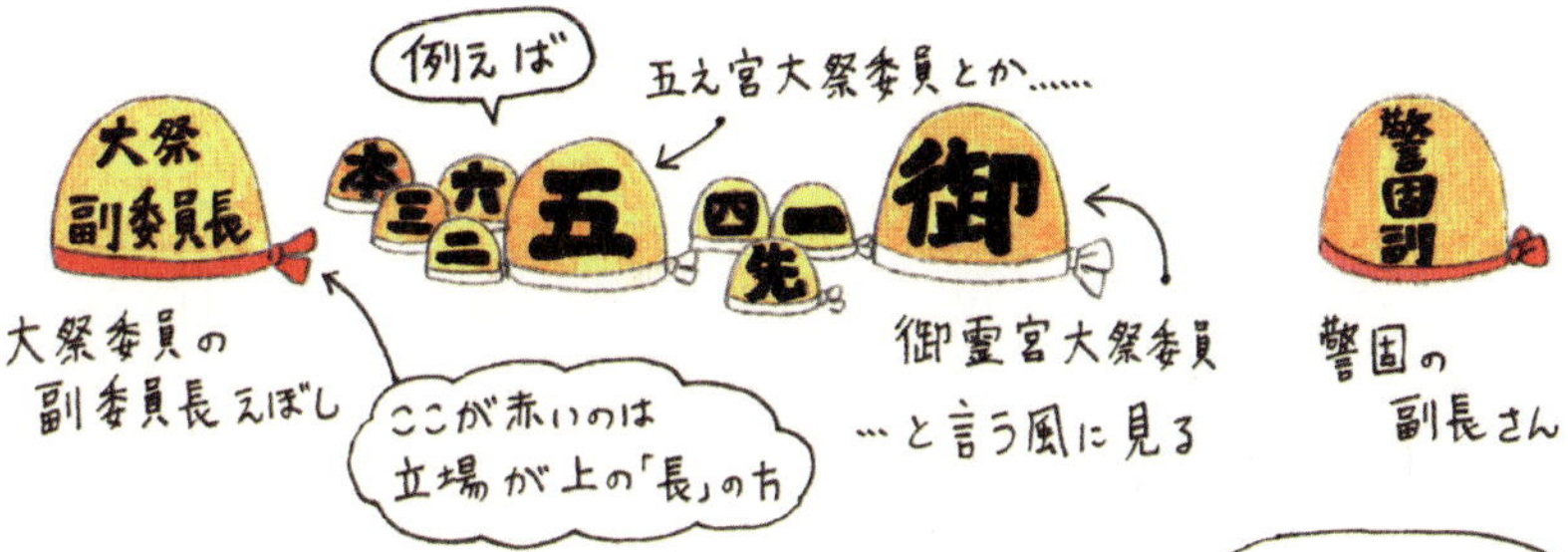


## その他の色

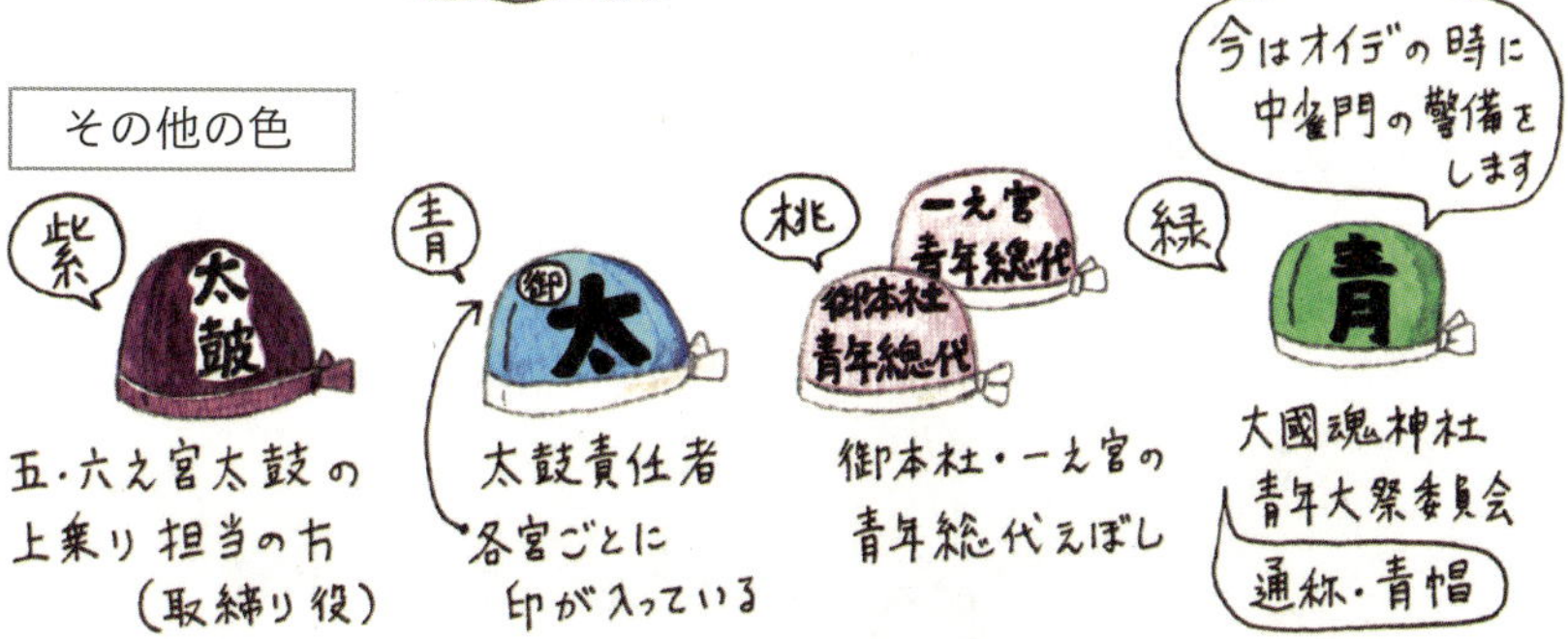

昔は
黒烏帽子だけを
被っていたと
いわれています。

祭の期間中は様々な烏帽子を目にしますが、烏帽子も袢纏も公認されている物と、そうではない物があるそうです。

ちなみに烏帽子とは、カラス（烏）の羽根の様に黒い帽子という意味です。古来は、元服（成人）した男子が用いた被り物でした。

烏帽子の見方としては……

烏帽子の被り方

# 袢纏《はんてん》いろいろ

袢纏を見ると、その人が所属する町内や会、もしくは役職などがすぐに判別できるので便利です。

半反の生地で作った…から はんてんと言う説あり
衿字《えりじ》
（またはエリノモジ）
腰柄《こしがら》
（またはコシジ）
衿元はぴしっとしめる
腹掛《はらがけ》
股引《またびき》
大紋《だいもん》（または背紋とも）
祭禮《さいれい》の字が入っている町内袢纏も
「神社などの祭り」や「祭りで行われる儀式」を意味する言葉
△△町
祭禮

同じ町内でも所属している会や役職によって、着ている袢纏が異なったり……

色々な会に所属していると、一人で何着も袢纏を持つことになるので……

重ね着してる人もいます！
町内会と おはやしの会と 太鼓の会と △△委員と… などなど
（リバーシブルタイプもあるらしいですよ。）

オレ 青年会
私、高張提灯を持つお役目
京所
三之宮
同じ町内の方

中には裏地や袖裏に
オリジナルの布を
使用している方もいます。

チラッと見えるのが
粋でおしゃれです
めくると…
風神雷神の柄や
拍犬など
いろいろ
更には
布地に絹を使っている方も！
わぁ！
なめらか!!
着やすそう!!
サラリ
個々人の
こだわりですよ

寒い時には「被布袢纏」という
防寒着を着ることもあります。
これは通常の袢纏の上に羽織ります。

衿がついてます
ボタンもついてます
ポケットもあります
裏地つき
ひふばんてん

昔は染物屋さんで反物を買って、
各家庭で袢纏を縫っていましたが
今は既製の物を
購入している場合が多いです。

ちく ちく
ちく
ちく

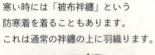

## 地域名が入っている袢纏（一例）

※祭礼や祭の組織は、今も旧来の町内を中核として行われています。
なので祭の際は、主として旧町名が使用されます。

# 神輿について

神輿とは神様の乗り物のことで、くらやみ祭の神輿渡御では、八基の神輿が使われます。

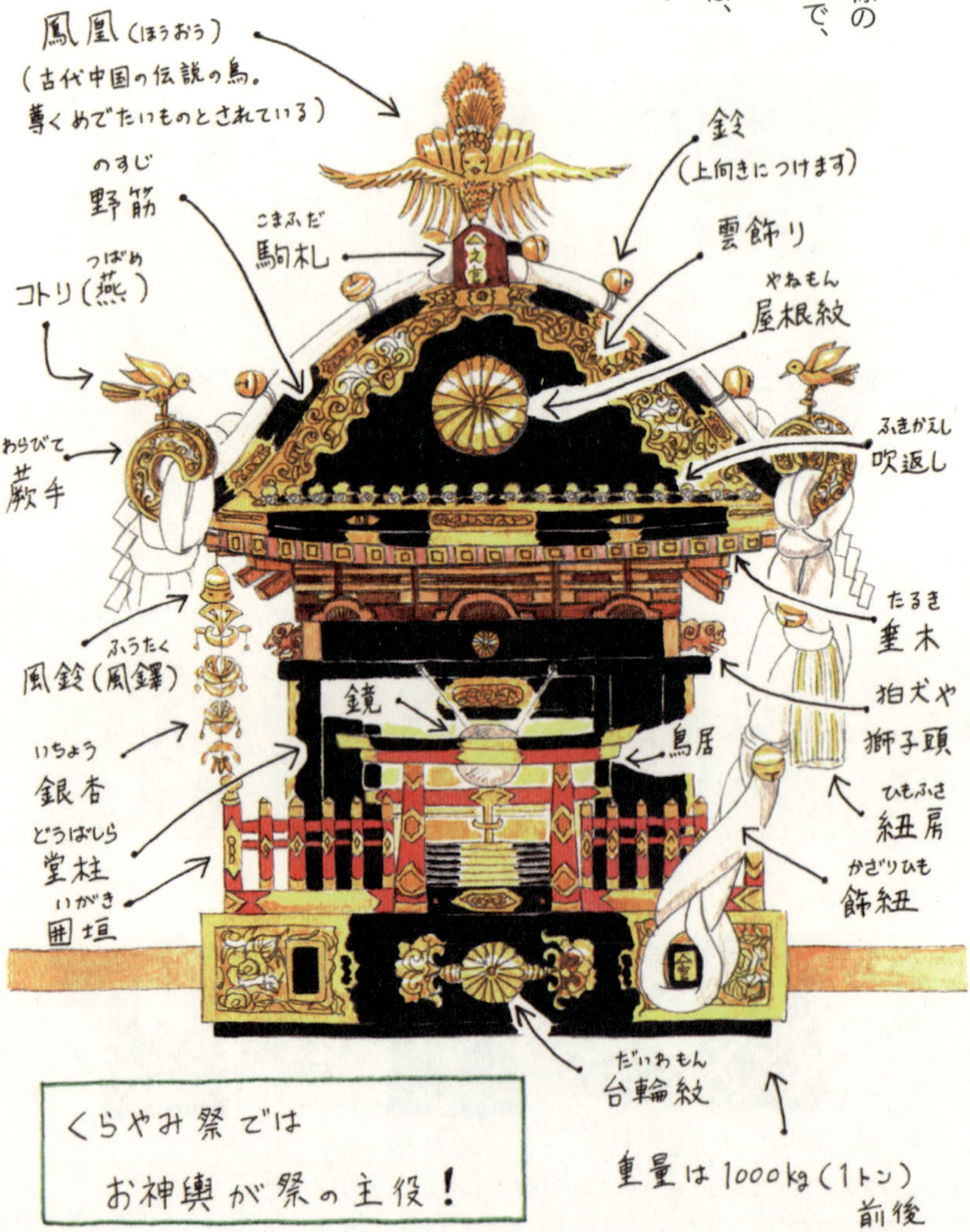
鳳凰（ほうおう）
（古代中国の伝説の鳥。
尊くめでたいものとされている）
野筋《のすじ》
駒札《こまふだ》
コトリ（燕《つばめ》）
鈴
（上向きにつけます）
雲飾り
屋根紋《やねもん》
蕨手《わらびて》
吹返し《ふきかえし》
垂木《たるき》
風鈴（風鐸《ふうたく》）
狛犬や
獅子頭
鏡
鳥居
銀杏《いちょう》
紐房《ひもふさ》
堂柱《どうばしら》
飾紐《かざりひも》
囲垣《いがき》
台輪紋《だいわもん》
くらやみ祭では
お神輿が祭の主役！
重量は1000kg（1トン）
前後

上から見た神輿略図

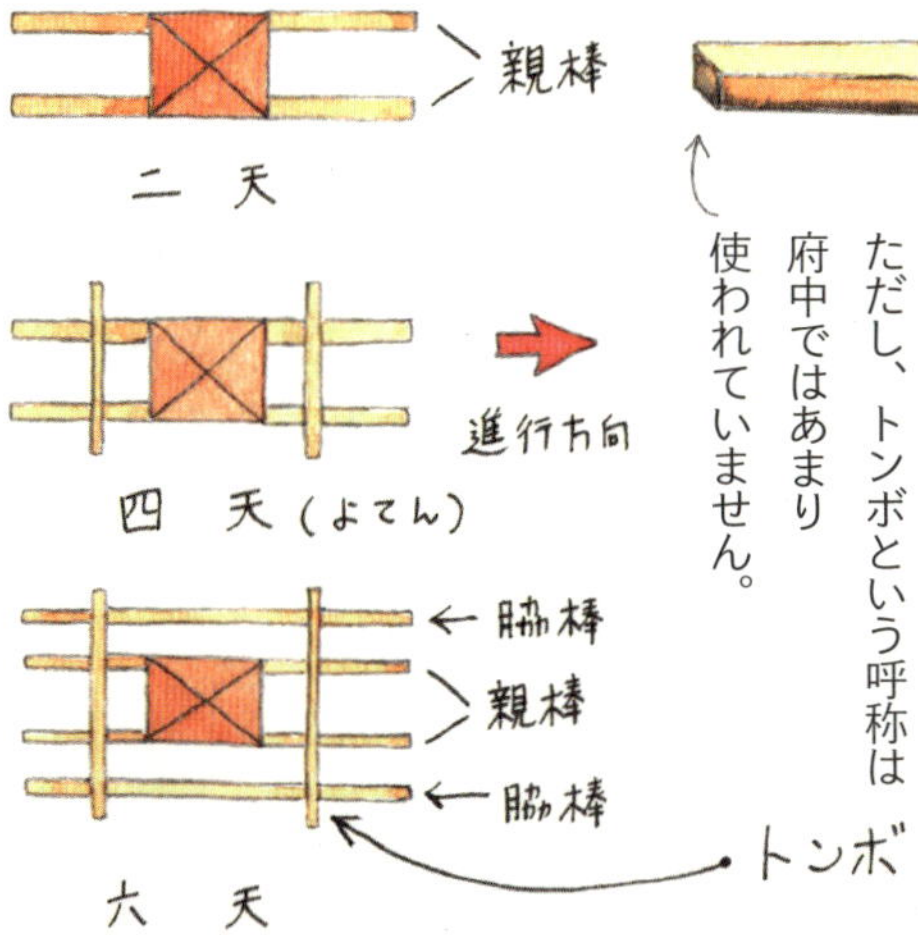


天棒（担ぎ棒）

神輿を担ぐための棒を天棒といいます。
天棒の数に応じて、二天、四天……と呼ばれます。
また、神輿を直接支えている天棒を親棒、親棒の前後に直角につける棒をトンボ、外側に平行につける棒を脇棒、といいます。
ただし、トンボという呼称は府中ではあまり使われていません。

ロープは手でも締まりますが、こねきりを使うとキュッキュッと良い音がするそうです。

ちなみにこのロープ、素材が麻なので水をかけると固くなりしっかり締まった様に感じます。しかし乾くと緩んで使い物にならないので、水の使用は禁物です。

こねきり

木槌のことです。

※文献には「点棒」という表記もありますが、本書では新宿町の方々が「天棒」と言う表記を用いていたことから、それに倣っています。

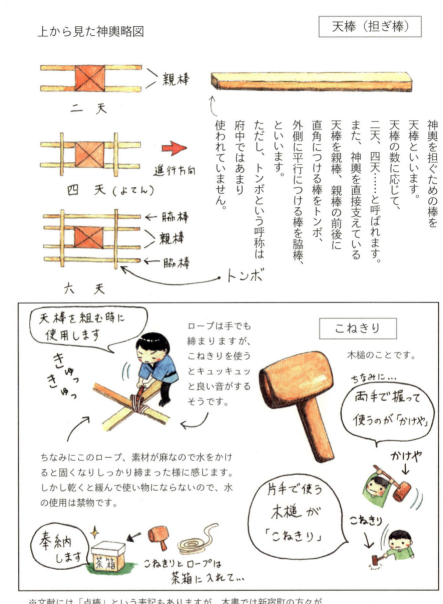

## 神輿を担ぎたいと思ったら

すぐには難しいですが、
近道としては、青年会に入る、
町内の方に相談してみるなどが良いです。
また、日頃から町内に貢献をしたり、
講中との付き合いを大切にしたりといった
地域との関係性も重要になります。

5月5日の神輿渡御（オイデ）の時は、
白丁を着た人ではないと神輿は担げません。
これは混乱などを避けるためです。

白丁を着られるのは、各宮につき担ぎ手40名と町内役10名の50名だけです。

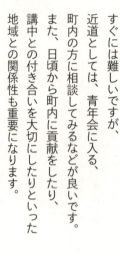

# 太鼓について

太鼓には、これから神輿が通ることを人々に伝えたり……

……と、打ち鳴らすことで参道を清める役割があるといわれています。

## 桴《ばち》について

桴に書かれている文字は、
太鼓ごとにそれぞれ異なります。
(イラストは御本社の桴の例です)

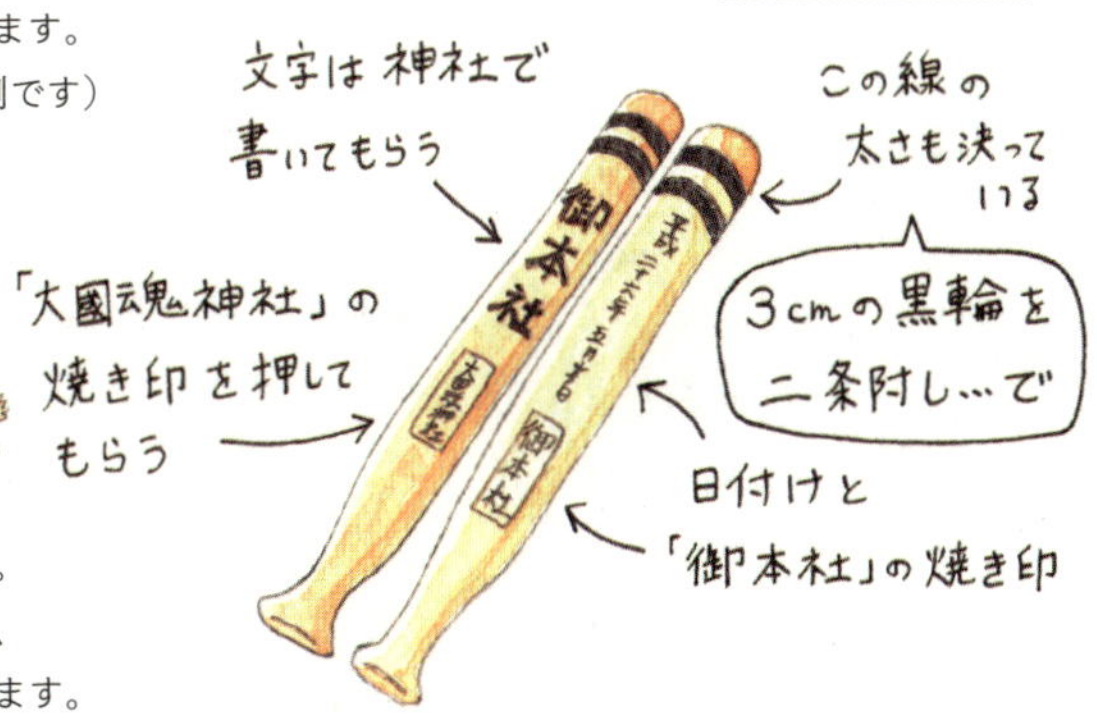


桴は二本で一繕と呼びます。
神社の規定に合った桴のみ、
正式に使用することができます。

太鼓は
きき（利き手）と
かえし（反対の手）で
打ちます。

上から
叩きます

ちなみに昔の太鼓には、どこも「かえし」があったそうです
かえされる
たたきにくい
かえす
たたきやすい！
太鼓がななめになりました
下のはりが動くのです

六張の太鼓は、
それぞれ各町内や
講中によって
管理・運営
されています。

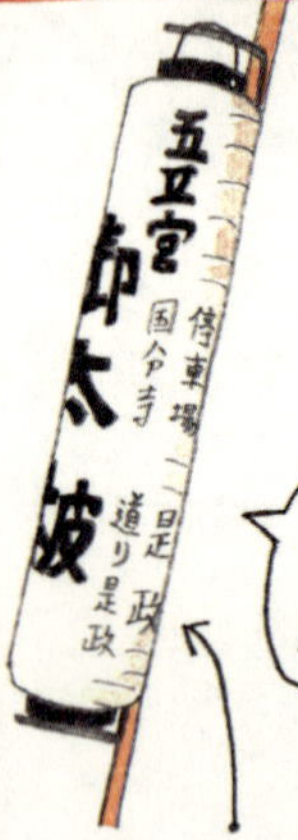
太鼓の組識は各宮によって違います
太鼓の警固提灯には太鼓講中に属する地域名が記されている

上乗りの方々は、
神社から
支給される
「御太鼓取締」
の袢纏を
着用します。

御所車《ごしょぐるま》 柄
衿字には
「△え宮 御太鼓取締」の文字
上乗り《うわのり》

この袢纏は、
六張の太鼓全てに
支給されます。
特に5日の
オイデの際は、
この袢纏の着用が
義務付け
られています。

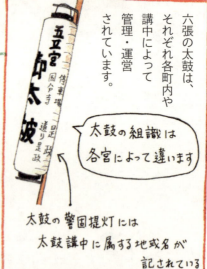

## 太鼓を叩きたいと思ったら

私もたたきたい!!
だって格好いいから！
外部の人
（通りすがり）
すぐには難しいかもしれないなぁ
う～ん
太鼓

難しい理由とは……
①叩く時間がないから！
②危ないから！
③叩き方が難しいから！

①については、太鼓はほとんどの時間動いており、1か所に長く滞在していないためです。

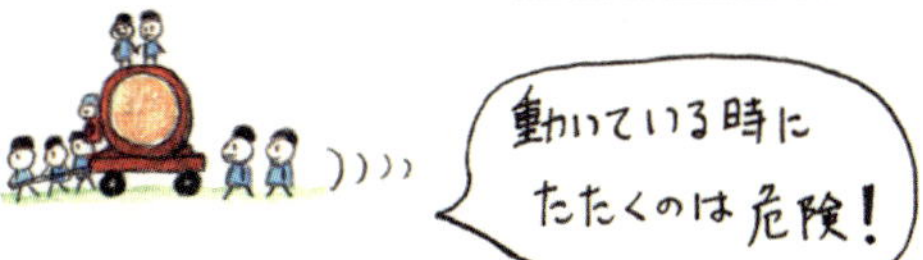
動いている時にたたくのは危険！

②は、慣れない人が叩くと、反動で桴が頭や顔に当たるなどして怪我をすることも考えられます。さらに桴を弾き飛ばした場合は、周囲の人も危ないからです。

ぶんっ
痛っ!!
ゴィーン

③に関しては、通常、太鼓は七・五・三のリズムで叩く人が多いのですが、これがなかなか難しく、すぐに習得できないからです。

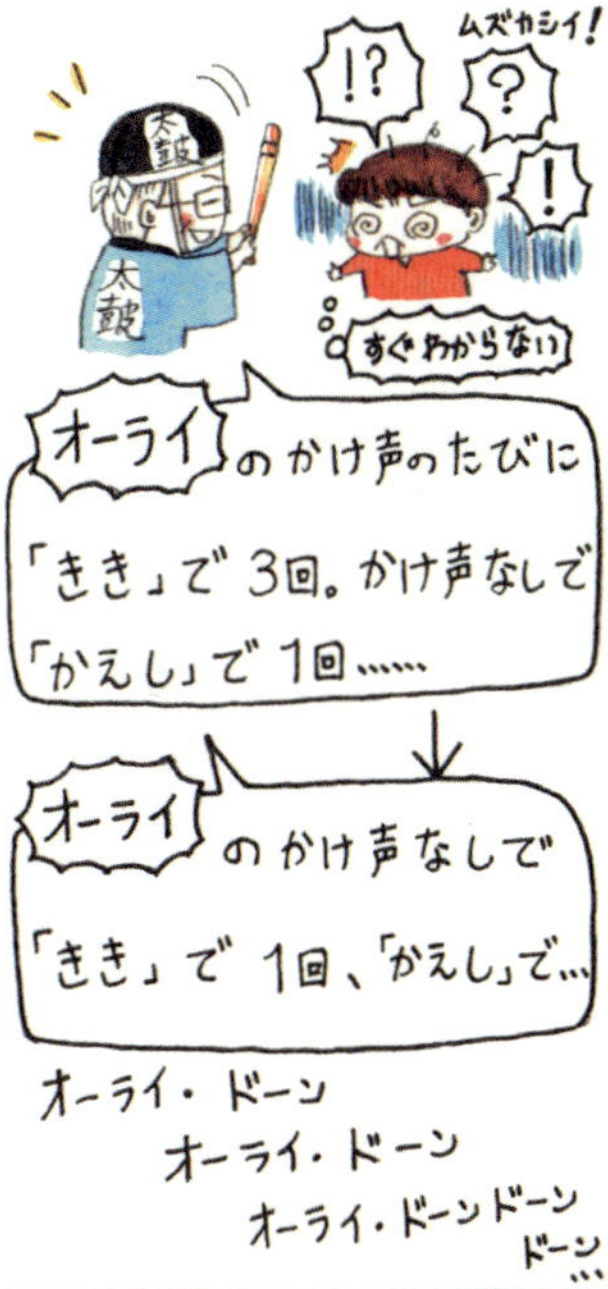
ムズカシイ！
!?
?
!
太鼓
すぐわからない
オーライのかけ声のたびに「きき」で3回。かけ声なしで「かえし」で1回……
オーライのかけ声なしで「きき」で1回、「かえし」で…
オーライ・ドーン
オーライ・ドーン
オーライ・ドーンドーン
ドーン…

上乗りの人は、
これがちゃんと理解できている
からすごいのです。

オーライ
何回目だな
よしっ
太鼓

# お囃子《はやし》について

山車が登場した際に、舞台上で華やかに演奏されているのは「府中囃子」と呼ばれるお囃子です。

これは府中を代表する伝統芸能です。

現在24支部、1500人ほどのメンバーで構築されています。また各支部ごとに、それぞれ特徴があります。

同じ曲でも流派によって演奏の仕方が違うので音色や旋律が異なります
大國魂神社の祭礼に奉納されている


**演奏される曲目は5つ**

屋台・鎌倉・国堅《くにがため》・師調目《しちょうめ》・印旛《にんば》

**流派は2つ**

| 目黒流 | 船橋流 |
| --- | --- |
| （12支部） | （12支部） |
| 賑やかさが特徴。神社の西側エリアで伝承されています。 | 優雅さが特徴。神社の東側エリアで伝承されています。 |

名前の由来はそれぞれ
目黒
と
千歳船橋
で
発祥した事によります


お囃子は人に見せるもの。基本的に鳴り物や踊りなので、衣装も華やかで派手で明るいことが特徴です。

町内や所属がわかる印半てん
手ぬぐい
笛
カネ
太鼓類
拍子木

府中囃子保存会の袢纏

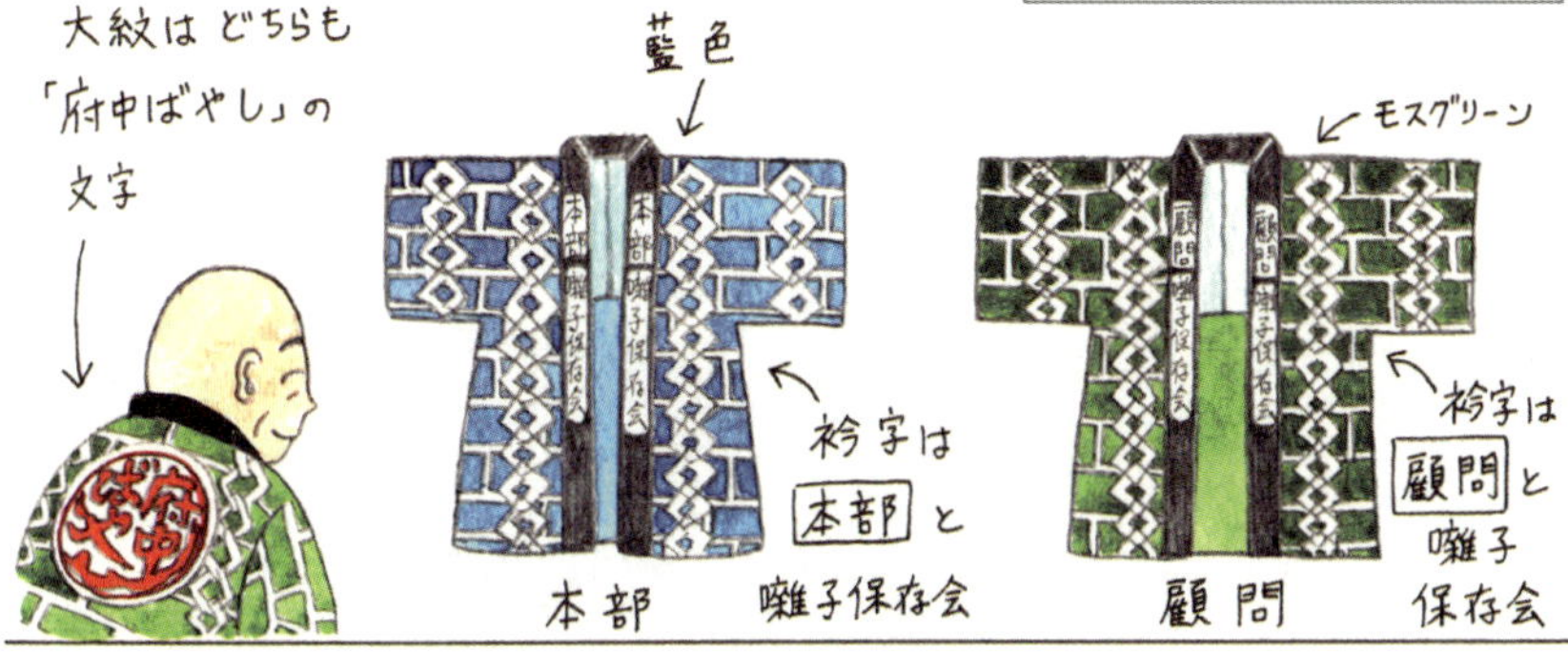
大紋は どちらも
「府中ばやし」の
文字
藍色
衿字は
本部 と
囃子保存会
本部
モスグリーン
衿字は
顧問 と
囃子
保存会
顧問

道具（一例）

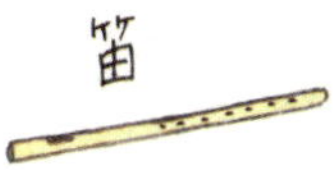
笛

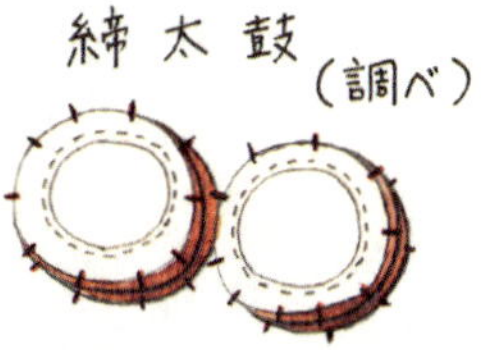
締太鼓
（調べ）

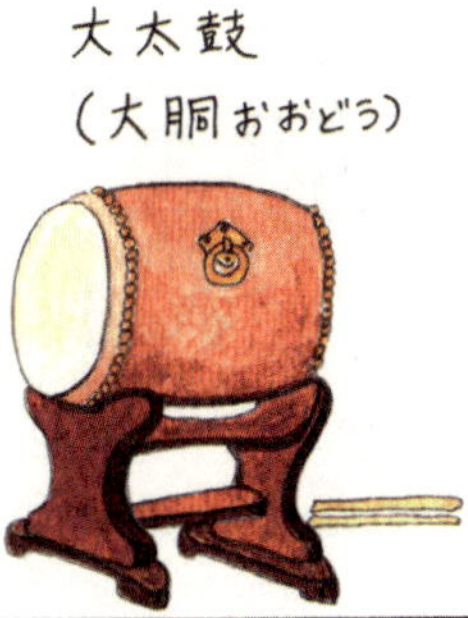
大太鼓
（大胴おおどう）

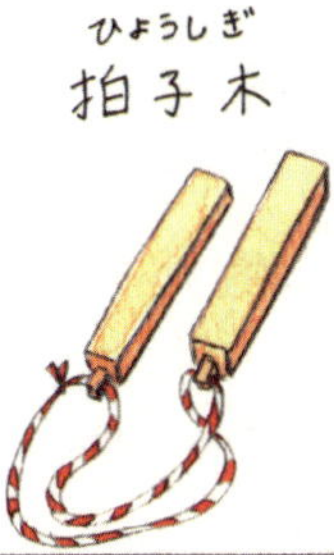
拍子木《ひょうしぎ》

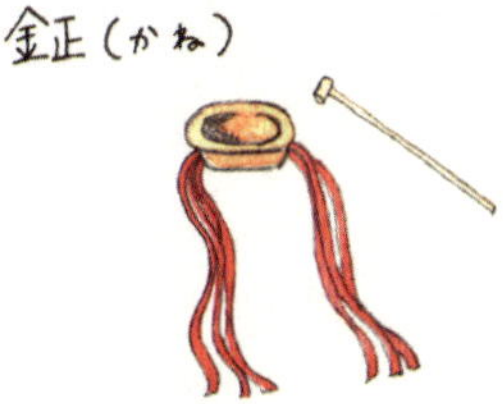
鉦（かね）

道具の中には、目黒流と船橋流で名称が異なる物もあります。

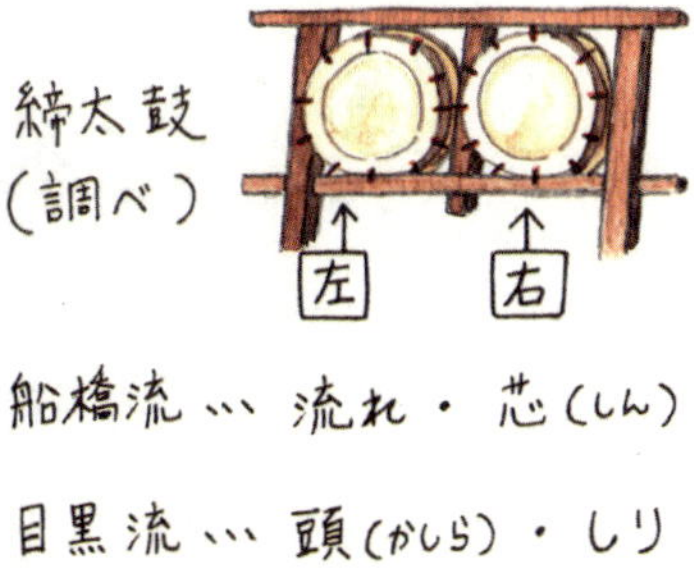
締太鼓
（調べ）
左
右
船橋流 … 流れ・芯（しん）
目黒流 … 頭（かしら）・しり

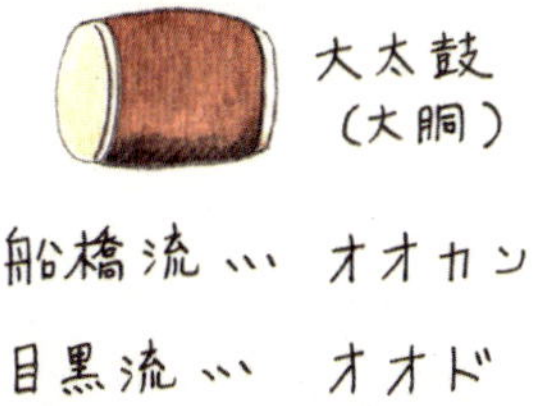
大太鼓
（大胴）
船橋流 … オオカン
目黒流 … オオド

# 山車《だし》について

山車とは
神社の祭礼の
時にひく、
飾り物をつけた
屋台のことです。

くらやみ祭では
府中囃子保存会の各支部が持つ、
舞台が備わった山車が
22台登場します。

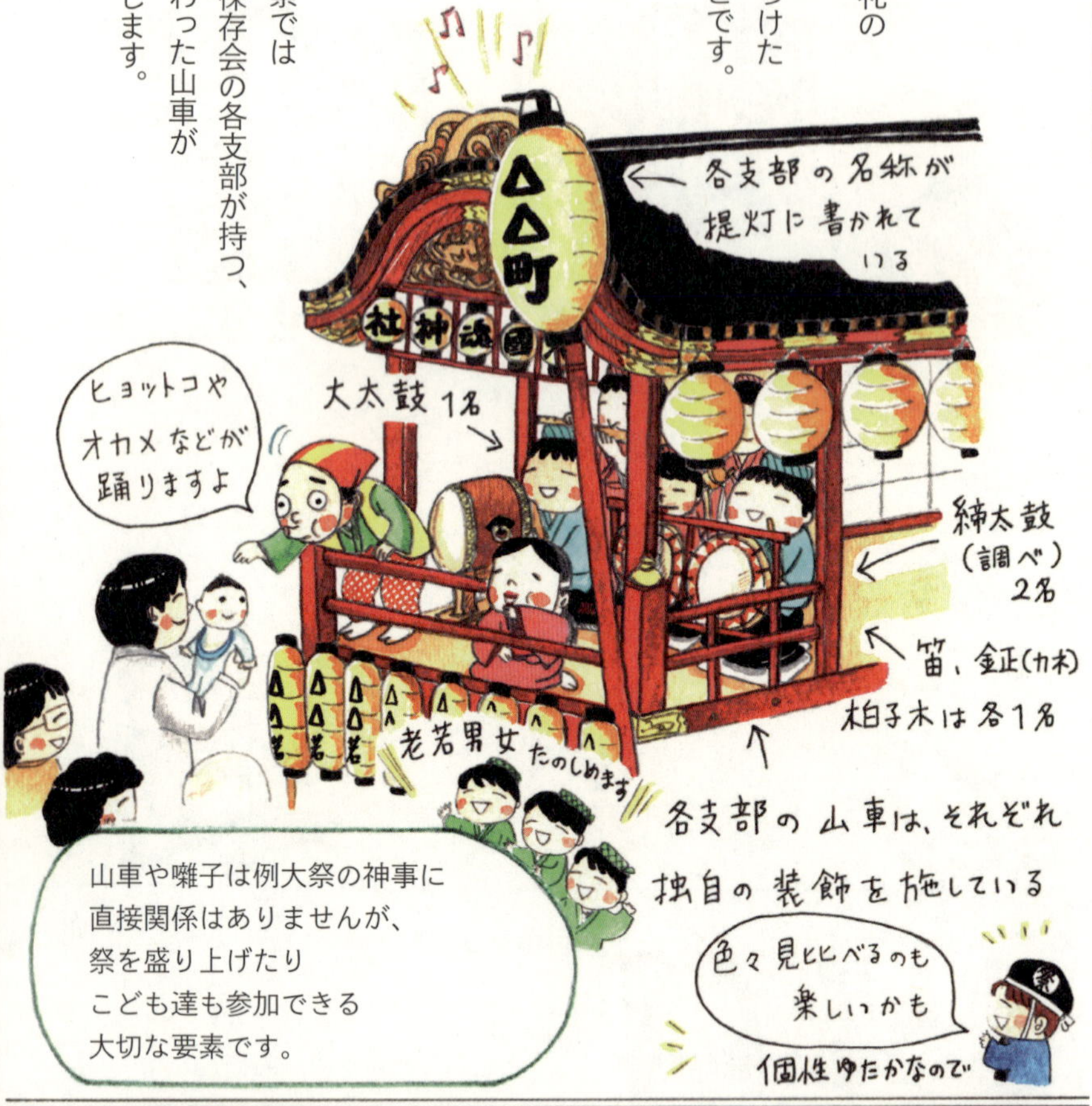

△△町
各支部の名称が提灯に書かれている
大太鼓 1名
ヒョットコやオカメなどが踊りますよ
締太鼓（調べ）2名
笛、鉦（カネ）柏子木は各1名
老若男女たのしめます
各支部の山車は、それぞれ独自の装飾を施している
色々見比べるのも楽しいかも
個性ゆたかなので


山車や囃子は例大祭の神事に
直接関係はありませんが、
祭を盛り上げたり
こども達も参加できる
大切な要素です。

少ししか動きません
東馬場


大半が可動式ですが、
唯一、東馬場の
山車だけは
組立て式の
置き屋台です。

それぞれの町内の山車に…
それぞれの囃子の支部がのります
動きます

# 会所《かいしょ》について

会所とは祭を支える町内の人たちの拠点となる場所です。町内ごとに本会所、青年会所、太鼓神輿休憩所、囃子会所など、様々な会所が設置されています。

奥様方が交代で、賄いを作っている所もあります。

会所は事務所、休憩所、奉納金等の会計の場など、様々な役割を担っています。

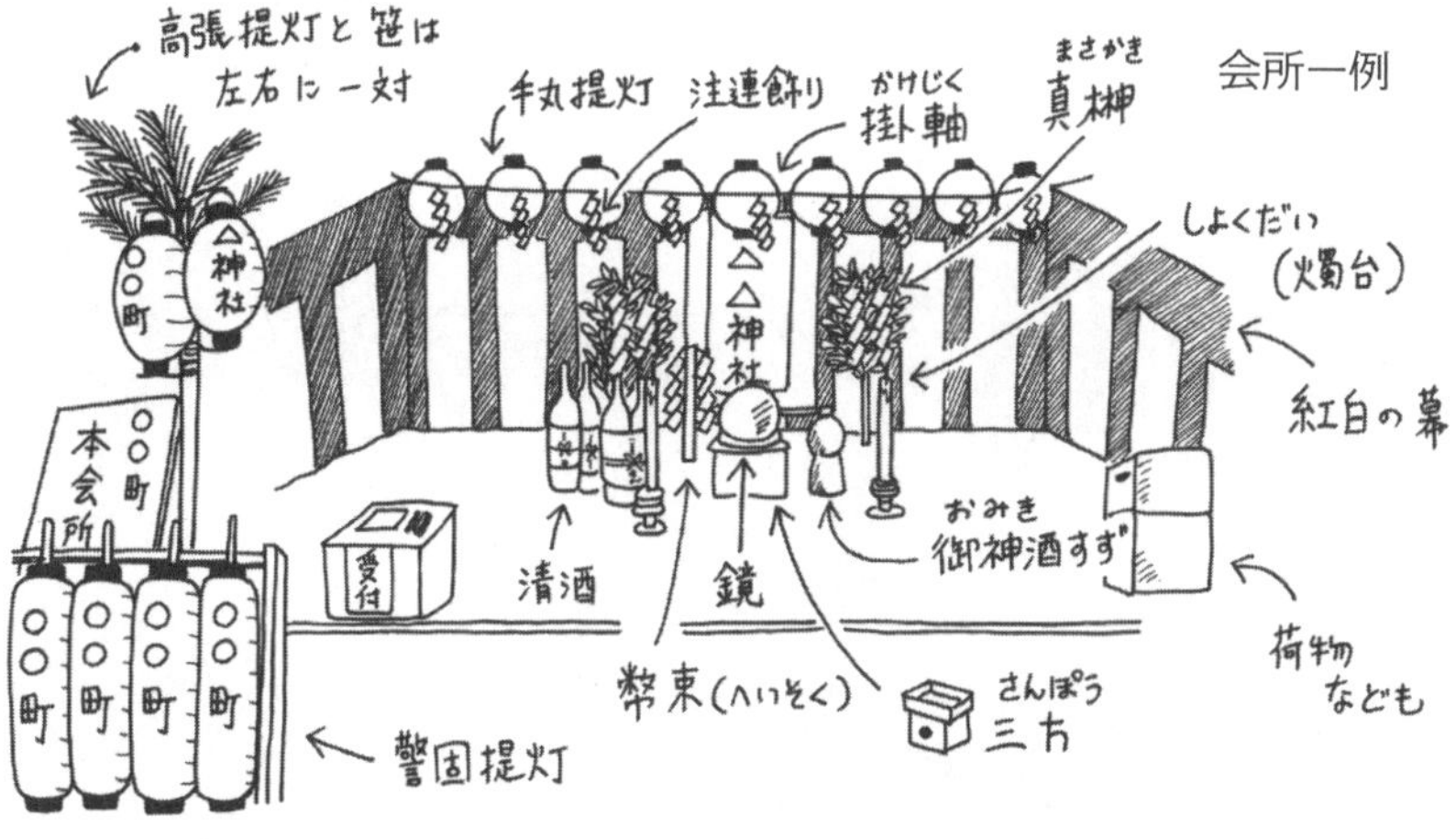


会所一例

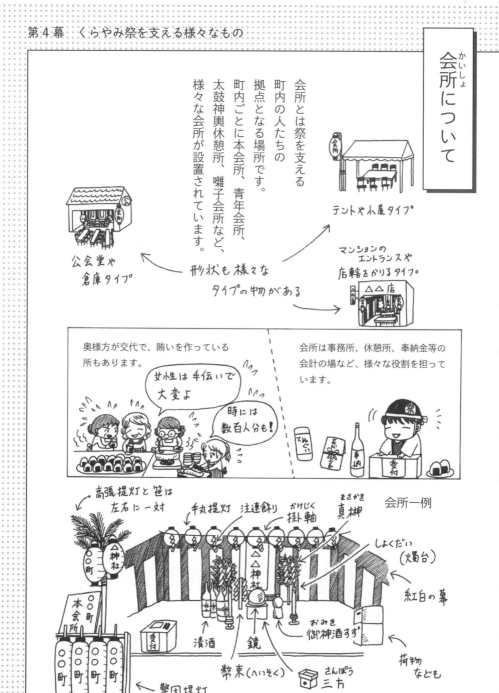

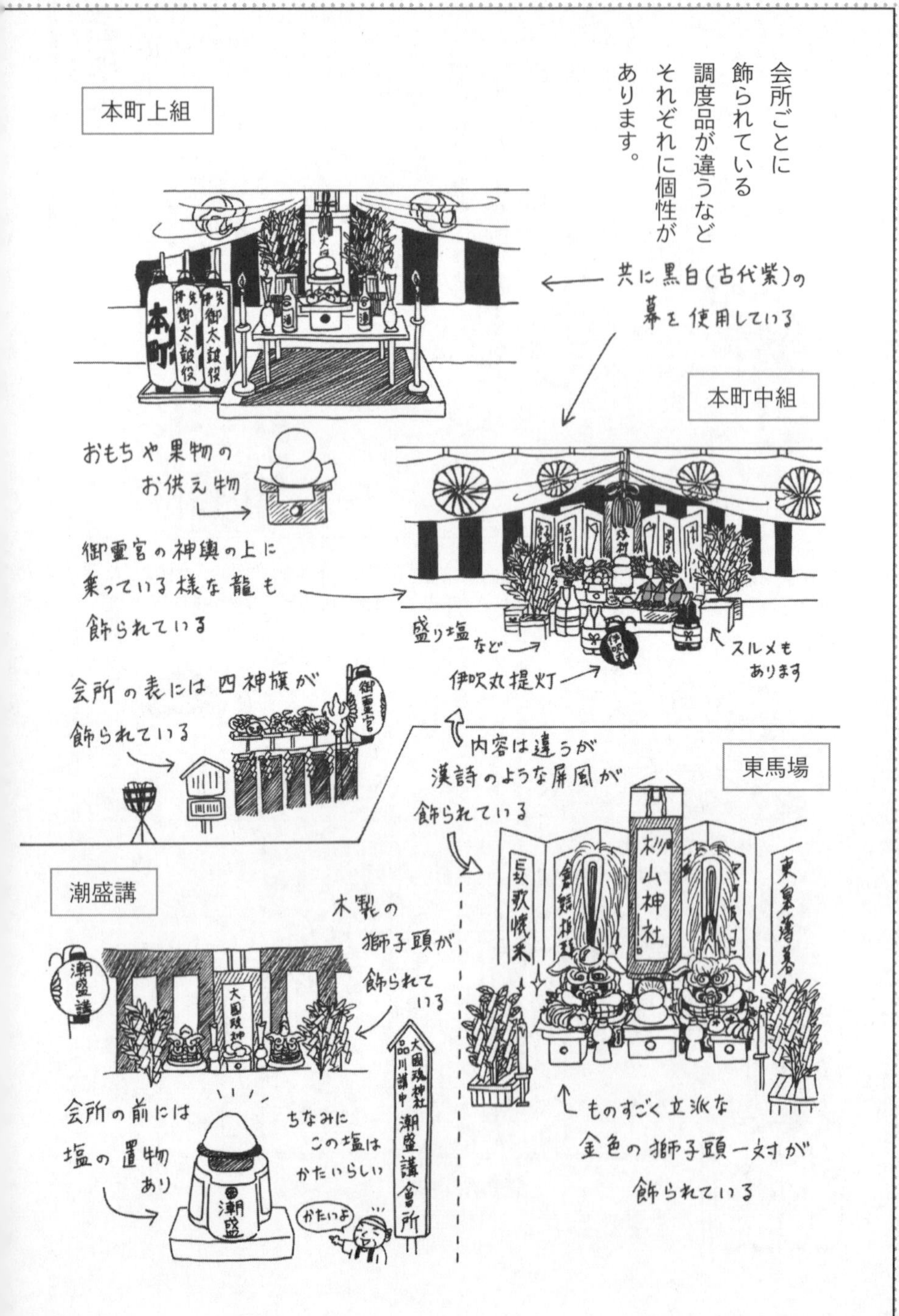

会所ごとに飾られている調度品が違うなどそれぞれに個性があります。
本町上組
本町
御太鼓役
御太鼓役
共に黒白(古代紫)の幕を使用している
本町中組
おもちや果物のお供え物
御靈宮の神輿の上に乗っている様な龍も飾られている
盛り塩など
スルメもあります
伊吹丸提灯
会所の表には四神旗が飾られている
御靈宮
内容は違うが漢詩のような屏風が飾られている
東馬場
杉山神社
潮盛講
潮盛講
木彫の獅子頭が飾られている
ものすごく立派な金色の獅子頭一対が飾られている
会所の前には塩の置物あり
潮盛
ちなみにこの塩はかたいらしい
かたいよ
大國魂神社
品川講中
潮盛講會所

会所にある
掛け軸は
「大國魂神社」と
書かれた物が
大半ですが……

四え宮
秩父神社
大國魂神社
三え宮
氷川神社
大國魂神社
杉山神社
大國魂神社
六え宮

それぞれの
宮の神様が
いる神社の
掛け軸を飾る
所もあります。

他にも、
番場の会所には
役職一覧表が
張られているなど、
様々な工夫が
施されています。
ちなみに黒白の幕は
「鯨幕」ともいい、
神事では古くから
使用されていたそうです。

黒色は昔は
高貴な色でした

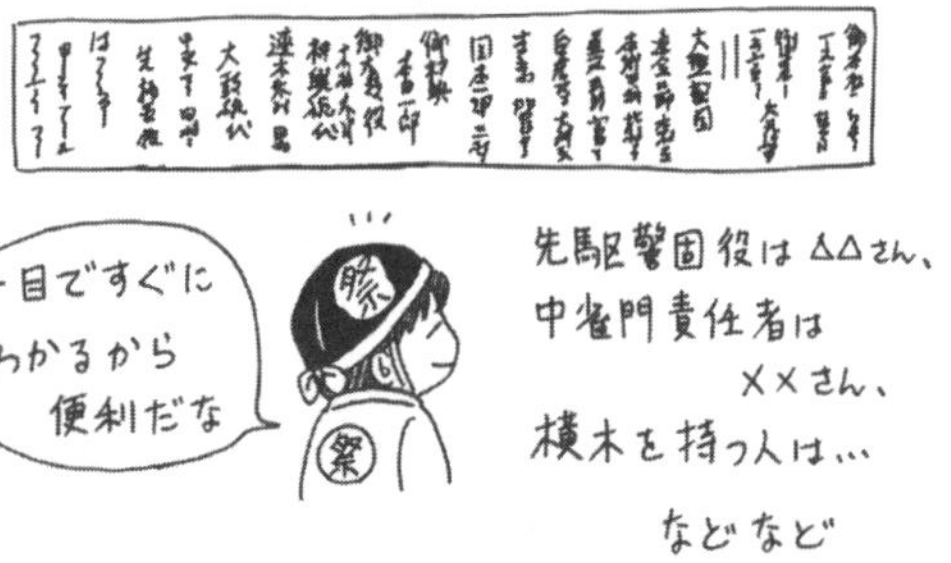
一目ですぐに
わかるから
便利だな
先駆警固役は△△さん、
中雀門責任者は
××さん、
横木を持つ人は…
などなど

茶
酒
さけ
のみもの
市販の
どんもの
しじみ汁
おにぎり
そして気になる
会所のごはんは…
煮物
つけもの
とん汁
カレー
茶

など……様々です。

# 祭道具いろいろ

## 金棒

邪気を払い、
行列が来たことを知らせる道具です。

地面をつくとシャンシャンと
小気味いい音がします。
神輿渡御や神事の際に、
行列の先頭付近で使われます。

## ササラ

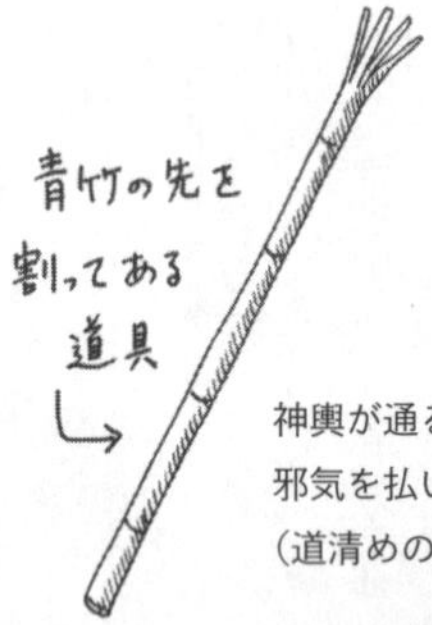


神輿が通る道をこれで叩き、
邪気を払い清めます。
（道清めの儀などで使用します）

## 葱花《そうか》（擬宝珠《ぎぼし》）

古くは高貴な方の乗り物の
屋根にあった飾りなので、
神輿の上に乗せることもあります。
鳳凰と交互に使う宮もあります。

## 獅子頭《ししがしら》

くらやみ祭では儀式の威厳を示す
威儀物として使われています。
威儀物とは神社の宝物でもあります。

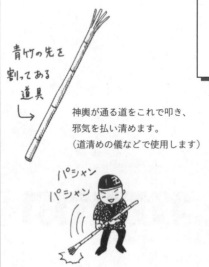

大麻《おおぬさ》

道清めの儀で
登場します。

忌笹《いみざさ》

竹の枝葉に
紙垂をつけた物。
神幸威儀物行列の
際に登場します。

みかざし

神輿の行先や道順を示す物。
御本社神輿の
渡御の際に登場します。

大幣（おおぬさ）との
表記もあります
短かい
長い
平たい
これらは全て同じ形式で、呼び名だけが
異っている物です。お祓いの意味等があります
祭

幣束《へいそく》

祭祀に用いられる祭具。
幣帛（神様へのお供え物の総称）の一種です。
（詳細は P118 にも掲載しています）

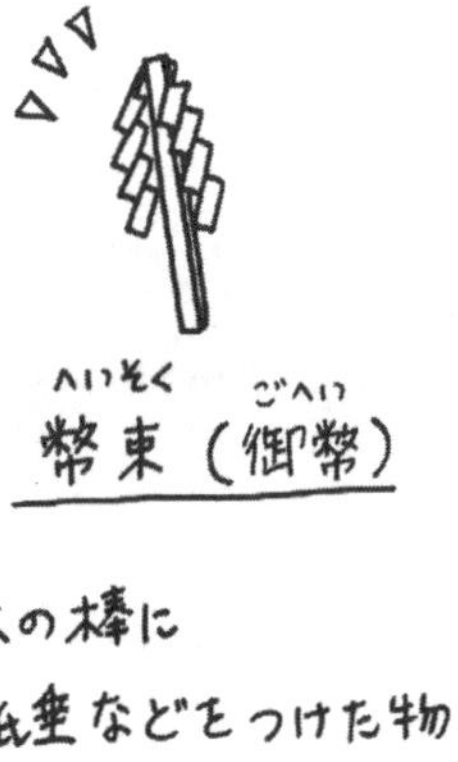
幣束《へいそく》（御幣《ごへい》）
木の棒に
紙垂などをつけた物

紙垂《しで》

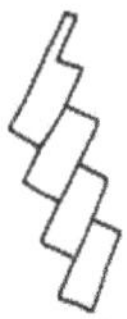

紙や布で作られています。
神の衣の象徴とも
考えられています。
（かみしで、とも言います）

**Column**

**深読み豆知識④**

# 奉幣《ほうへい》って何だろう？

奉幣とは神様に幣帛《へいはく》や神饌《しんせん》（御饌《みけ》）を捧げることです。

お供えします
おそなえもの
幣帛や神饌
神様
（※イメージ）

## 幣帛《へいはく》とは？

神様へのお供え物の総称です。

古くは色々な物が供えられていたとか

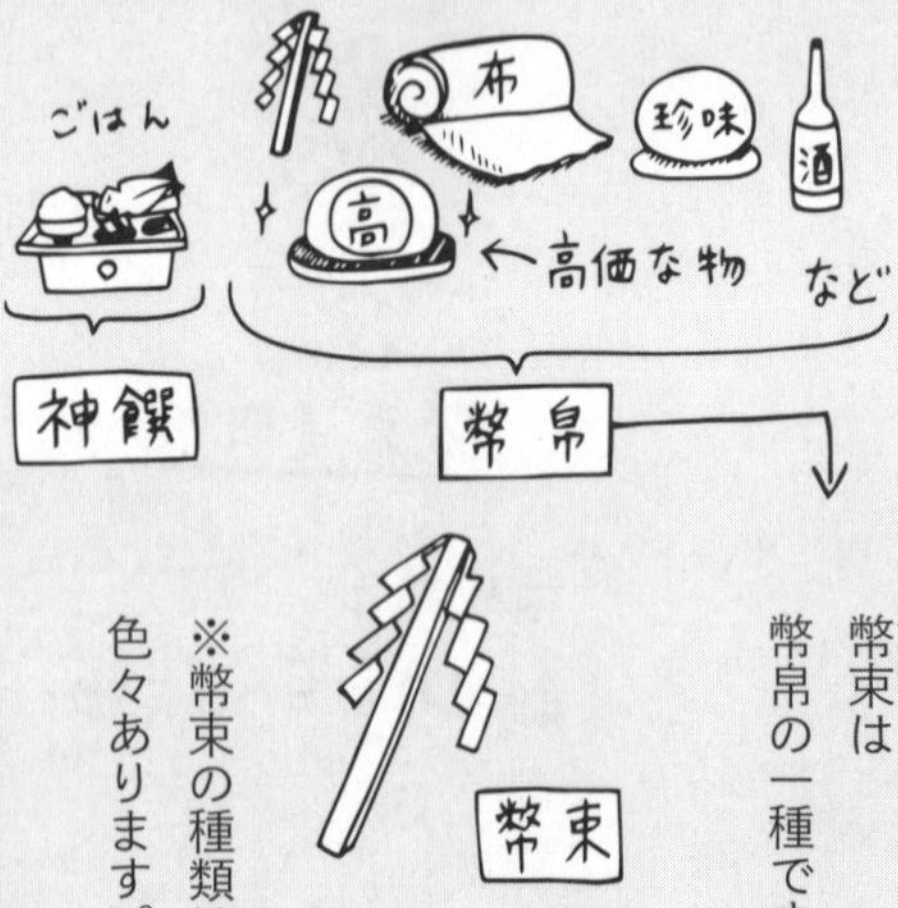
ごはん
布
珍味
酒
高
高価な物
など
神饌
幣帛

幣束《へいそく》は幣帛の一種です。

幣束

※幣束の種類は色々あります。

幣束は御幣《ごへい》とも呼ばれています。

丁寧な言い方です

幣束＝御幣
これは…
お祓いに用いる。
幣帛として用いる。
神
…などの使われ方があります。

# 第5幕 体験ルポ

くらやみ祭の醍醐味を最大限に感じるには、実際に参加してみるのが一番です。ここでは私自身が祭や関係者を取材したり、町内の方々と共に行動したりすることによって感じた、祭が作り上げられていく様子、祭の魅力をコマ割りのイラストでお伝えします。

本町（上組）提灯調べルポ
2018年 2月3日
ある時
提灯調べを見に来ませんか
はい
——と、本町の方に誘っていただいた
寒風ふきすさぶ寒い2月の朝
こんなにさむいのにお祭りなんてねー
集合場所の倉庫にむかう
ぶる
ぶる
備品倉庫の前には、町内の方が20～30名程、集っていて
わい わい
よいしょ よいしょ
日なたにはこベー
さむいから
わい わい
次々でてくる
みんなで荷物を運び出していた。

「提灯調べ」とはお祭の時に使う道具や機材類の確認作業のこと。
ここから今年のお祭がはじまるんですよ
わくわく
暦を見て日が良い時を選んでます
提灯以外にも―
1、2、3……
腕章は10枚でーす
はんてん、えぼし、腕章、会所設営の道具など、色々点検。
足りない物や状態の悪い物は報告し、補充や修理に出す。
手ぬぐい3枚です
じゃ100枚追加だな
太鼓長さん（責任者）
他にも新たな交流や
誰？
××です よろしく
相談事など様々な交流の場でもある様だった。
祭りは四十九日すぎりゃ、参加していいんだよなぁ？
ああ そりゃ個人の感覚だから～
それにしても さむい…
びくっ
なんでこんな寒い時期に祭りなのって思うでしょ？
ははは
なぜ心の声を！
ブルブル
ビュウゥゥゥ…！
この時期から発注しないと間に合わないんですよ
ほら うちだけじゃなくて、他も注文出すでしょ
ぽん
あー なるほど

しかし、その時ー
うわぁー
おおーっ
どよどよどよ
何!?
なんと
トラブル発生!
……
昨年使った時、中のろうが溶けたままの状態でたたまれると
広げたら、ろうが固っているのでボロボロに…
うわぁ〜ボロボロだ〜
あーー
わなにはまったー
乾かしゃいいんじゃねえかー
わいわい
バリバリ
上級
本町
外れくじ引いた〜〜
あ〜5万円なー5万ー
わいわいわい
5万円と言ってますが
あ、いや・・・個人負担はありませんよ
冗談です
5万円ー5万円ー
ははは
でも実際に修理費はかかりますけどね
4本で10万円しちゃうんで
どよーん
あ…町内の負担…
太鼓長は代々祭りの夢を見るもんなんですよ
提灯をつぶされる夢とかーー
先代は太鼓が消える夢を見たそうです
責任ある人は大変だなぁ
ははっ…
太鼓長ドリーム
夢と言っても悪夢の方らしい。

あ、提灯つぶされる夢は正夢になりましたけどね
あー2万円
どーん
あ…
へしゃっ
ふふっ
え゙え゙っ
でも皆さん楽しそうですね
ええ
折角だから「祭りは楽しくやろう」と言う事を心がけています
わいわい
わいわい
その後も色々な事を教えていただく。
へー
腕章も色々あるんですよ
ほら
行事や太鼓取締に総代、警備……
太鼓
行事
本町上組 総代
あっ、提灯ってー実際にろうそく使ってるんですね
今でも
ははは
LEDじゃないよ
倒れると燃えちゃうの
燃えた事もあるよ
よく見ると上部はすすで黒くなったり熱で破けたりしています
これで点検はおわりですー
夜は△時から新年会ですー
わいわい
わいわいわーい
1時間半ほどで作業終了
最後まで楽しそうだな
のみ会いいなー
お祭り当日も会所に遊びに来て下さいねー
待ってますねー
ありがとうございます
みなさんいい人
束の間、町内の方々の仲間に入れてもらえたような、楽しい時間でした

大祭会議参加ルポ
2018年 3月13日
あれは会議の数日前のこと
[◇え宮さん取材中]
今度会議があるからよかったら―
たゝ、大祭会議!参加してもいいんですか!?
え゙え゙っ
いや色々な人が来るから、始まる前に質問とか出来るんじゃない?
大祭会議とは大祭委員など祭りの核を成す方々が一同に集って今年の祭りについて話し合う場。
(個人的見解)
つまり集っているのは地元のトップクラスの人々
ドキドキ
つまみだされないかしら…

恐れ多くも会場に行ってみると
ロビー
町内の代表格の方々が続々と来場していた。
中には取材でお世話になった人もちらほら。
おや
あっ
あの節はどうも
ペコペコ
そして、その中の一人の方が――
かぶらぎさん、折角だから会場にいらっしゃいよ
えっ!? 大丈夫ですか!?
大丈夫大丈夫
―と、声をかけて下さった。
ちらっ
いいんですか？
××さんのお連れ様と言うことで大丈夫ですよ
じゃ、その資料もいただけますか？
じーっ
はい
だんだん図太くなる絵描き…。
こうして初めて訪れた大祭会議の会場は――
どーーん
司会者
大祭委員長や宮司さんなど
おお…
これぞ重鎮の重圧《オーラ》
しかも100名以上いる…
広大なスペースに人々が整然と並び圧感だった。

テーブルの上には
各所属が書かれた
プレートが立っている。
二之宮
一之宮
各宮以外にも
様々なプレートがあり
奉賛会
青年大祭委員
東京競馬場
観光協会
放送関係
ボーイスカウト
〜
警備会社
〜
囃子保存会
警察署
消防署
○之宮
その他諸団体
△之宮
たくさんの人が祭りを支えているんだなあ
へえ…
―と、言う事が
視覚的に実感できる
会議の内容は
祭りのスムーズな進行や
警備など。
テロ対策として機動隊を―
司会
いかに安全に
祭りを遂行するかに
非常に注意を払って
いる事が感じられた。
神職の方から
テロと言う
言葉が出る
ご時世…。
けんかの次はテロ…と
資料
救急所を設置して―
傷病者の早期対応をします
消防署の方
急患対応ばっちり
心強いわぁ
資料
大勢の人が集う
大きな祭りが
安全に行われている
背景には―
そうだったのか…
ぱああああ…
こうした方々の
事前の段取りが
あった事を知る。
感謝!
資料

その後は――
昨年との変更点
や
露店の安全対策
や
質疑応答
はいっ
などを経て約一時間ほどで終了。
お神輿をかついでる時のタバコは禁止ですー
そんな禁止項目まであったんだ…
へえ
参加者の皆さんは一様に頂いた資料に書き込みをしたり
黙って読んだりしながら聞いていた
資料
きっと今日の話をそれぞれの町内や所属先に持ちかえり――
今年の祭りは――
皆に話して聞かせるのでしょう。
会議の後は別室で懇親会の様なものが行われたが
パタン
えんしん会
じーっ
いいなぁ…。何してるのかなぁ…。
いつかステータスになりたい
絵描きの参入はここまで。
ちなみに頂いた資料は後日、作品制作にとても役立ちました。
どーん
どーん
どーん
ホイサ
ホイサ
ホイサ
この会議がおわるといよいよ祭りも間近ね
資料

本町・会所開きと競馬式の話
2018年
5月3日
御神馬
御神馬
JRA
JRA
お祭直前
本町上組さんから
会所開きの
お誘いを頂く。
メール
上組さんの会所は
大きなマンションの
エントランスにあるので
皆で集会所から
少しだけ移動する。
マンション
会所
(祭壇)
広場
指定された3日の
夕方に伺うと――
会所付近はすでに
なごやかなムード。
わい
わい
わはは…
こんにちはー
正面から見ると
この様な感じ。
中はせまいので
皆さんは外で整列。

上組さんは太鼓長さんが祝詞をあげますが、神輿本会所などでは神官が来て祝詞をあげています。

最初に太鼓長さんが祝詞(のりと)をあげ玉串奉奠(たまぐしほうてん)をしたら――
次いで市長さんや大祭委員の方々も玉串奉奠を行い
パン
パン
お祭りの無事の運行を祈る。
柏手《かしわで》→
その後は再び集会所に戻ってしばし会食。
平成最後のお祭りです
これから新しい歴史を作っていきましょう
かんぱーい
わー
わー
かんぱーい
余談ですが中組は会所開きが四日です。
なんでだろうねー
?
よみやよみやミで四日とかって言われてた事もあったけどねぇ
?
――理由は不明。
厳かな中にも、どこか楽しく和やかな雰囲気が溢れる本町上組の会所開き。
わいわい
好きなの飲ませてやれよ
ねーねー向飲む？
何飲む？オレンジー？
バシッ
ねー飲んでる？楽しんでる？
はいー
もぐもぐ
はじめまして
作品みてますよー
あははは
ゆさゆさ
えー～
息子さん
大祭委員のはんてん、お前が着てきちゃえよ、明日から！
わかんねーよ酔っぱらってるから
おい
それ、玉子を割って入れるんですよ！
△△さん
パカッ
わい
わい
――と言うか、皆さん本当にものすごく楽しそう。

太鼓長さん そう言えば 今年は夢を 見ましたか？
わーわー あははは
夢!! 見ましたよー
お祭りが おわる夢を 見ました…
ふっ
責任ある方の 気苦労は はかりしれない…
太鼓長ドリーム 2018年版
食事が終わると 次は競馬式（こまくらべ）の 馬（お駒）をむかえに行く。
一緒にどうぞ
なんだよーっ 一緒に行くのかよー
アハハ
バシッ
キリッ
はいっ
お駒をむかえに行くのは 数名の方々。
太鼓長さんや 大祭委員（役員）さんたち
警備役 数名
お駒役 数名
本町上組 集会所
スタート
本町中組会所
中組・下組と 合流
警備役とお駒役は 東京競馬場へ
けいばじょう
上・中・下組の役員は てぬぐいを持って 矢崎の永井家へ…
太鼓長（上組）
大祭委員（上組）
御霊宮 神輿長（中組）
四之宮 神輿長（下組）
大祭委員（下組）
永井家で接待を受けながら 馬の到着を待つ
永井家
おつかれさまです
てぬぐい
お駒が到着したら 一緒に競馬式の会場へ

永井家で待っているとそこにいらした年配の方が昔話をきかせて下さった。
調べものですか？
はい
なぜ永井家が馬の世話をするかと言うと、今から六百年前——
御歳80才
果てしない物語……
お話が終わる頃真っ暗な細道を歩いて馬が到着する。
まるで昔にタイムスリップした様な不思議な感覚。
おお…すごい
今はいつの時代？
平成？
役員の方と合流して、皆で府中街道の坂をのぼって行く。
みんな
かっこいいなー
きりっ
途中、町内の方々がたくさん集ってきて——
ずらっ
合流
更に合流して会場へ向かう。
会場へ
ちなみに、町内の方々は競馬式の際、見物客の前にガードとして入ります。
わー
わー
わー

しかし突如
馬が驚いて
動き出した！
ブンブン
あっ
本町の人のあたり…
わー わー わー
終了後、心配して
様子を聞きに
行くと…
大丈夫でしたか!?
いやぁ、馬も私の魅力にくらくらしたかな～
ははは
上に立つ方は
多少の事には
動じない。
!
おお…
再び集会所に戻ると
またお酒やお茶を
出して頂いた。
またいただいてしまって…
すみません
これは直会《なおらい》だからいいんだよ
三日と六日は毎日終了時に直会をするの
神様にお供えすると共に無事終了した事を喜ぶんだよ
ねーねー何飲むー
これ？これっ
これで大丈夫です
ゆで玉子もたべるー
すきなの選ばせてやれって
バシッ
茶
その後、本町と寿町の
山車が「山車の競演」から
戻り、華やかに盛り上って
わー
やー
わー
やー
わあ
一日が終わる
伝統と親睦と
華やかさと――
最後は
一本〆め
いよーっ
パン
おつかれさまでした―
お祭りの良さを
たくさん味わえた
貴重な経験でした。

くらやみ祭用語集　（No. に○のついた用語は次ページ以降にイラストあり）

| No. | 用語 | 意味 |
|---|---|---|
| ① | 年番（ねんばん） | 祭の時の当番のこと。各町内によって年番になるサイクルは異なる。 |
| 2 | 四カ町（しかちょう） | 旧町名。本町、番場、新宿、八幡宿のこと。祭の中心を担う町内。 |
| 3 | 六社会（ろくしゃかい） | 太鼓の会の名称。正式名は「武蔵総社太鼓連合 六社会」各宮の横の繋がりを大切にする目的で作られた。 |
| ④ | 御本社（ごほんしゃ） | 大國魂神社の主祭神である大國魂大神（おおくにたまのおおかみ）のこと。 |
| ⑤ | 四神旗（しじんき） | 四神とは天上の四方の方角の神様の意味。もしくは中国で四季を神に配したことから来た呼称。御霊宮につく。 |
| 6 | 花代（はなだい） | 祭の際の寄付金（ご祝儀／奉納金）の別称。寄付を出すことを「花をかける」とも。 |
| ⑦ | 雅楽の伶人（ががくのれいじん） | 神事の際に登場。鳳凰の声を模した鳳笙（ほうしょう）や、篳篥（ひちりき）、龍笛（りゅうてき）の三管が基本。 |
| 8 | 「オイデ」と「オカエリ」 | 神輿渡御の際の通称。神輿発御（オイデ）、神輿還御（オカエリ） |
| 9 | 御旅所（おたびしょ） | 神様が神輿に乗って渡御する目的地。ここで例大祭の核心ともいえる御旅所神事が行われる。 |
| ⑩ | 木札（きふだ） | 昔はこれを付けていないと神幸門の中に入れなかったので証明的な意味合いがあったが、現在では各自の好みで身に着けている。 |
| 11 | 袢纏（はんてん） | 祭で主に着用されるのは、背に町名や宮号などの印が染め抜かれている「印半纏（しるしばんてん）」。これは同じ集団の一員であることを示す。袢纏には「絆を纏う」という意味もある。 |
| 12 | 直会（なおらい） | 祭の後に神社で行われる酒宴。祭の締めくくりとしての大事な神事で、神にお供えした神饌を頂くなどして、神のエネルギーを貰い、新たに頑張る儀式とも。 |
| 13 | 中雀門（ちゅうじゃくもん） | 拝殿の前に建っている門。 |
| ⑭ | 随神門（ずいじんもん） | 神社の外郭の門。兵杖（ひょうじょう）を帯びた随神（随身とも）の像が左右に設置されている。随神とは神様をお守りする者。 |
| 15 | 玉串奉奠（たまぐしほうてん） | 神前式の作法の1つ。玉串とは榊の小枝に紙垂（しで）を付けたもので神饌と同様の意味を持つ。玉串に自らの心を乗せて神様に捧げる意味がある。 |
| 16 | 六合思想（りくごうしそう） | 東西南北と天地の六方位を収めれば、全ての地域を収められるという考え方。 |
| ⑰ | 蟇目（ひきめ）神事 | 響目（ひびきめ）の略。射た時に音を響かせることで邪気を払うといわれている。鏑矢の穴の形が、ヒキガエルの目に似ていることからこの名称がついたとも。 |
| 18 | 神饌（しんせん） | 神様にお供えする飲食物。御饌（みけ）とも。米･酒･塩･水などを基本とし、魚や野菜、餅、菓子などを加えることもある。 |
| 19 | 大麻（おおぬさ・たいま） | やや長めの榊の枝や白木の棒に紙垂などをつけたもの。左右に振ることで穢れが大麻に移ると考えられている。 |
| 20 | 祝詞（のりと） | 神前で読み上げて神に申し請う文章。祝福する言葉とも。 |
| 21 | 奉舁者（ほうよしゃ） | 神輿を担ぐ人のこと。 |
| 22 | 神賑（しんしん・かみにぎわい） | 祭礼における余興や付属行事のこと。 |
| 23 | 鳳凰（ほうおう） | 古代中国の伝説の鳥、瑞鳥（ずいちょう）。麒麟、龍、亀（この場合の亀は想像上の霊獣で蛇と合体しているもの）と共に、四霊と呼ばれている。聖人が世に現れる時に一緒に出現するともいわれ、尊くめでたいことの象徴とされる。 |
| ㉔ | 巴紋（ともえもん） | 水を表すとされ、火災除けの意味も込められている紋章。巴紋は八幡神の紋章であることが多く、特に武家社会では篤い信仰を集めていた。八幡神は応神天皇の神霊ともされているので、皇室でも尊ばれている。また、太鼓に描かれている巴紋は、雷を表すともいわれる。 |
| 25 | 囲垣（いがき） | 俗世と神域を区切るもの。神社で見られる。 |

※各用語の説明は、文献や町内の方からの聞き取りを基に構成しています。

⑤ 四神旗（しじんき）

① 年番（ねんばん）

④ 御本社（ごほんしゃ）

⑦ 雅楽の伶人（ががくのれいじん）

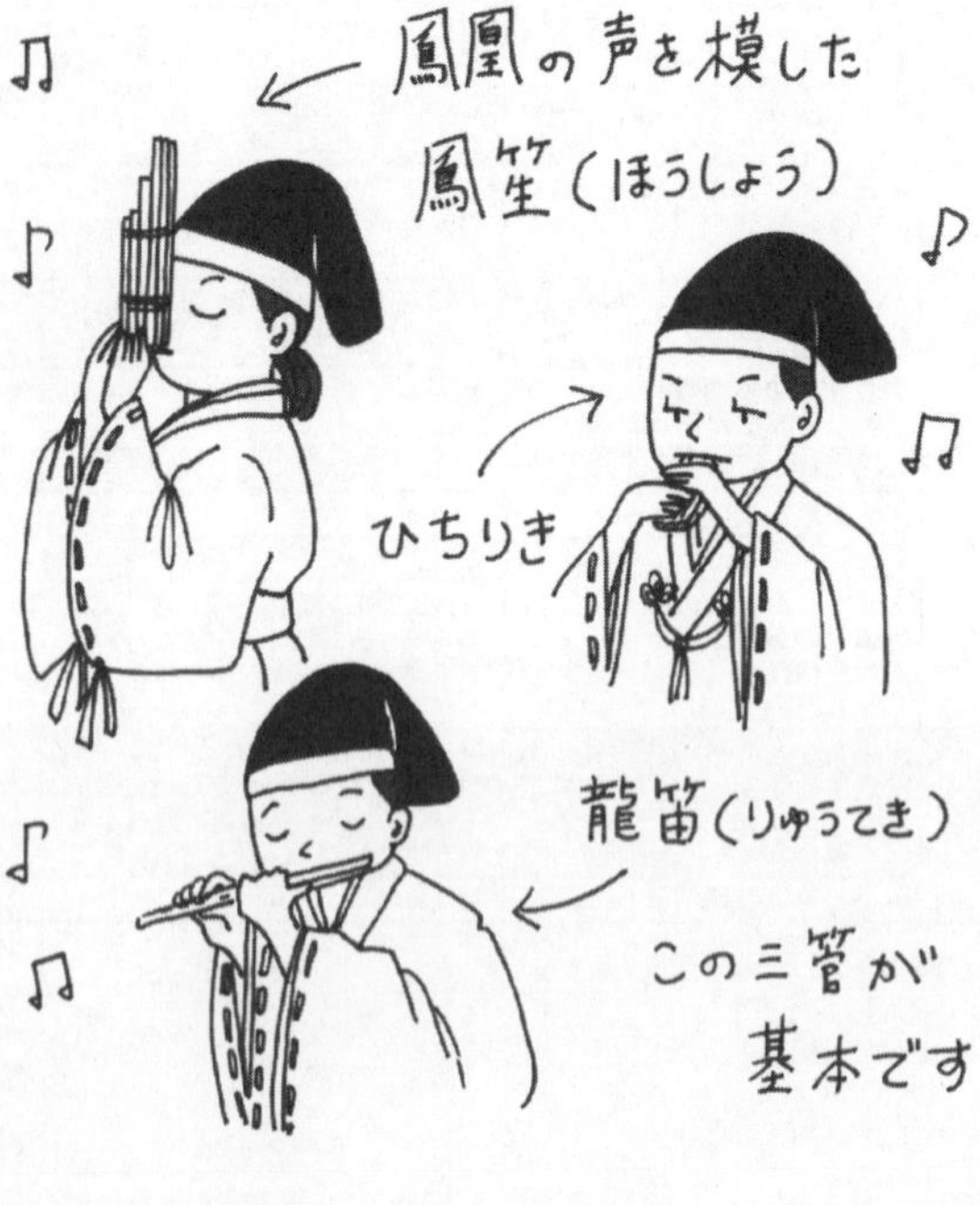

⑩ 木札（きふだ）

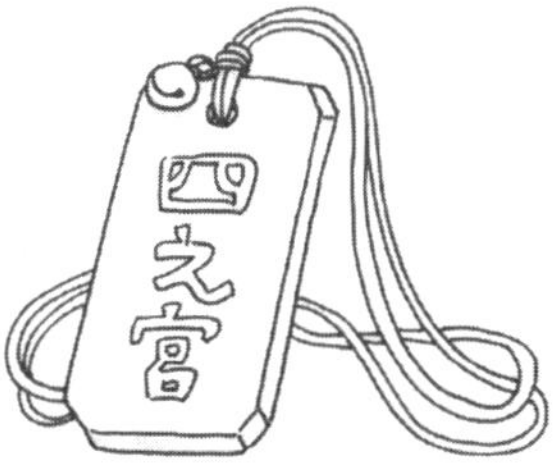
四之宮

⑰ 蟇目（ひきめ）神事

㉔ 巴紋（ともえもん）

左 三つ巴

⑭ 随神門（ずいじんもん）

櫛磐間戸命《くしいわまどのみこと》
豊磐間戸命《とよいわまどのみこと》
御鎮座
壱千九百年を
記念して改築
されました
（平成２３年）
随神像は
東京芸術大学による
制作です
ぴかぴか
です

# 五・六之宮の移譲時期について

よみかた↓
新宿（五之宮）が東馬場・新成区に六之宮神輿の奉仕を移譲したのは――
昭和21年です
文献
文献
文献
が、しかし
昭和25年頃ではないか？
――と仰る町内の方も
どっちなんでしょうか？
△之宮の△さんに聞いたお話では昭和25年頃に移譲されたのでは…と
←見識者の方
その理由として
①終戦後すぐの混乱した時期の移譲は早すぎる
②21年説は根拠が定かではない
△さん（イメージ）
更に
③六之宮神輿の修理の際に納めた書付の写しが25年になっている
25年には六之宮は分離していたんだ
なので25年頃説が無難かと
なるほど
では21年説はどこから出て来たのか？
はて？
調べてみるとどうやら『府中町新宿馬場組合』と言う本に21年説が出ているらしい
へえ…
ネット
カタカタ
しかしその本は現在行方不明
府中町 新宿 馬場組合
（イメージ）
念のため町内の方々に所在を訪ねるが全て空振りにおわる…
本？しらないなー
？
うちにはないな～
きいたことないなー
新宿《しんしゅく》めぐり

あきらめかけた頃
偶然知り合った
町内の方が——
その資料知ってますよ
おーっ
11
△△大の先生にお貸ししたら粉失されたらしい…です
だから行方不明に
お〜〜っ
12
しかもそれ本じゃなくて、町内の記録簿みたいな物だから——
一点物でした
ご——ん
岩
21年説に裏付資料なし…
13
でも大丈夫。『府中市史談会会報』に渡辺紀彦さんがこの資料の事を明記されてます
情報の裏付がとれた！
おおーーっ
会報
14
でも私の父も「20年代後半」に分離した気がすると言っていましたよ…
15
確かに昭和21年に
新宿は東馬場や
新成区などに
六え宮神輿の世話を
頼んだけれど——
たのみましたよ
はい
六え宮
（イメージ）
五え宮
16
当時の六え宮は
まだ警固提灯もないし…
人手も足りないよ
——と、言うような状況だったらしく
う〜ん
17
組織的には新宿にまだ寄りそっていてはっきり分かれていなかったのではないか——と思われる
19
25年頃になって正式に（完全に）移譲が出来た…
と、考えるのが妥当ではないでしょうか
19
以上、21年説と25年頃説の起こりと経緯の調査結果でした。
分離が戦後なのはまちがいない
更に大ざっぱに!?
20

# かぶらぎさんの『くらやみ祭ガイド』を推薦！

かぶらぎさんのこれまでの代表作は『親が倒れた日から、いつかくる…その日まで。』だと思う。実はこの本、かぶらぎさんと初めて会う以前に、府中に住む知人から贈られ読んでいた。親御さんの介護現場の苦闘を味のあるイラストと文で描いたものだが、どこか自分を突き放して見ているところがあり、実に好感が持てる。読者がその渦中にある時でも安心して読める本だと確信した。

そのかぶらぎさんが、今度は府中の「くらやみ祭」をテーマに作ると聞き、大いに驚いた。府中の街の中心に鎮座する大國魂神社の、毎年五月に盛大に行われる例大祭は、長い歴史を経てきた巨大な祭である。府中の人たちのこの祭に対する思い入れは半端ではない。神輿渡御をクライマックスにして一週間続く祭礼の期間、古式で意味ありげな神事が繰り返され、さまざまな賑わいの行事が同時並行的に行なわれる。準備に要する時間も人も、見物する人の数も膨大になる。だから、この祭の全容を知るのはほとんど不可能なのだ。実際に祭をしている人でさえ、担当の町以外のことは知らないと言う。

ところが、かぶらぎさんは、持ち前の学習能力と取材に回るフットワーク、それから府中生れ府中育ちの勘を活かし、この手強い「くらやみ祭」に挑んだ。その成果は本書をご覧のとおり。私もこの本から多くを学ばせていただいた。これまで、この祭を知るには郷土の森博物館常設展示室の祭コーナーと同館発行のブックレットを人には薦めてきた。今回のかぶらぎさんの本の登場により、これを上回る強敵（仲間？）が現れたのである。このことを、武蔵府中の伝統文化の理解と継承、府中の人たちの絆の発展のために、心から喜び、本書を推薦したい。

府中市郷土の森博物館 館長　小野一之

# あとがき

きっかけは好奇心でした。

ある年、祭を見ていた時に「このご神事の意味は何だろう？」「この袢纏はどこの町内だろう？」と、急にいろいろな事ことに興味を抱きました。毎年、当然のように開催されている、くらやみ祭。なので、今まではいろいろな催事を見ても「こういうものなんだろう」と、あまり深くは考えずに過ごしていましたが、一度気になると「このまま何も知らないのは勿体ない。きちんと理解してみたい」と思うようになりました。

調べてみて気づいたのは、厳粛なご神事の美しさと、祭の歴史の深さ、そして活性化されて整っている地域の人々のコミュニティ力の高さでした。

そして次第にこうした祭の魅力や温かい交流を私個人の記録に留めず、何かの形で伝えたいと思い、執筆を試みました。

刊行までの道のりは非常に困難を極めましたが、根気強く作業を進めていく内に協力して下さる町の方々や、理解を示して下さる出版社に出会い、なんとか一冊の本を作り上げることが叶いました。

取材や校正作業に快く応じてくださいました各町内の皆様、企業や機関の方々、推薦文をご寄稿くださいました府中市郷土の森博物館の小野一之館長、遊泳舎の中村徹さんに心より感謝申し上げます。府中の街の伝統や人情、何より祭の楽しさが、本書を通じて皆様に伝わることを願っています。最後に祭を遂行されている方々の益々のご活躍と安全な運営を祈願すると共に、本書を手に取ってくださった皆様に御礼申し上げます。ありがとうございました。

２０１９年春　かぶらぎみなこ

本書の執筆に関しましては、
多くの方々のお力をお借りしました。
そのご厚意に深く御礼申し上げます。

取材協力者様（50 音順・敬称略）

秋山清志　阿部敬一　石川裕三　石阪康平　臼井義太郎
浦野一郎　遠藤誠　岡嵜欣司　岡野光男　小澤正直
小野一之　蕪木淳二　蕪木宏好　北島章雄　桑田信之
土屋定則　中田龍佑　中田宗孝　中村誠　福井衞　村木信一

協力機関名

武蔵総社 大國魂神社
府中観光協会

尚今回は、長時間の取材を遂行させて頂いた方を中心に掲載しておりますが、他にも様々な形で協力して下さった、各町内の皆様に併せて感謝いたします。
また本来ならご挨拶をしてお話を伺いたいと思いながらも、今回はお会いすることが叶わなかった町内や団体の方も多々いらっしゃいます。そのことに関しては謹んでお詫びし、またの機会にお話しを伺うことができればと願っております。

## 参考文献

神田明神・編著『新版 神社のおしえ』小学館・2018
㈱共同プランニングセンター編 『日本一の大太鼓　御先拂太鼓』
田村善次郎「特集 武蔵府中の暗闇祭り—講中と祭り」
『あるく みる きく』206 号　近畿日本ツーリスト 1984
猿渡盛文・綾部好男『くらやみ祭』光村教育図書　1998
府中市郷土の森博物館編『展示解説シート くらやみ祭』
『大國魂神社 三之宮神輿製作八十周年記念』三之宮神輿製作八十周年記念実行委員会
『大國魂神社 二之宮神輿製作八十周年記念誌』府中市八幡町連合自治会 / 大國魂神社二之宮神輿製作八十周年記念事業実行委員会
パルテノン多摩歴史ミュージアム編『特別展　武蔵国一之宮』 多摩市文化振興財団　2005
『特別展　武蔵国一之宮』パルテノン多摩歴史ミュージアム
田村善次郎・TEM 研究所編『大國魂神社の太鼓とそれをめぐる習俗：武蔵府中・暗闇祭と町方と講中・Ⅱ』府中市教育委員会　1983
『武蔵府中くらやみ祭』府中市郷土の森博物館ブックレット 5・2004
『新版　武蔵府中くらやみ祭』府中市郷土の森博物館ブックレット 20・2018
武光誠・監修『PenBOOKS 神社とは何か？お寺とは何か？』ペン編集部（編）
米澤貴紀『神社の解剖図鑑』株式会社エクスナレッジ
平藤喜久子（監修）本間美加子（著）『神社の解剖図鑑 2』株式会社エクスナレッジ
『大國魂』第 144 号　大國魂神社神社奉賛会・大國魂神社社務所
瓜生中『知識ゼロからの神社と祭り入門』幻冬舎
小澤幸治『武蔵府中の語部』瑞穂印刷株式会社・2011
府中市文化スポーツ部ふるさと文化財課市史編さん『新府中市史民俗分野報告書（一）ライフヒストリーふちゅう』府中市・2018
深澤靖幸「国庁跡に建てられた社—ミヤノメ神社小考—」
『府中市郷土の森博物館紀要』第 15 号府中市教育委員会 2002
下村盛章「くらやみ祭「大太鼓の饗宴」の発祥と発展」
『府中市郷土の森博物館紀要』第 31 号府中文化振興財団 2018
東京都教育委員会編『文化財の保護・第 42 号特集・くらやみ祭』東京都教育委員会・2010
小野一之「武蔵府中くらやみ祭の特質と地域ネットワーク」（上記所収）
高橋美貴「幕末期の六所宮社中と神輿講中」（上記所収）
水谷類「近世武蔵国惣社六所宮の再興と吉田家」（上記所収）
中村登『冬の夜ばなし　番場町・祭り囃子と山車物語』（株）アイ・スィー・アイ・渡辺印刷・2000
橋本栄一「府中囃子の由来と伝承」『府中市立郷土館紀要』第十一号抜刷府中市教育委員会 1985
三橋健『神社のしくみと慣習・作法　ビジネスマンの常識』日本実業出版社 2007
武光誠『日本人なら知っておきたい　神道と神社』河出書房新社・2007
宮本卯之助『神輿大全』（株）誠文堂新光社
『週刊 日本の神社 第６５号 大國魂神社 武蔵御嶽神社』（株）デアゴスティーニ・ジャパン 2015
渡辺紀彦「東馬場町の今昔—人の推移とお祭り」『府中史談』第１３号　府中市史談会編　1987

## 論文的資料

「神事・行事　時間予定表」府中観光協会（放送用資料）2017
岡嵜欣司・編「大國魂神社　御霊宮御先拂太鼓のこと」2012

## 映像資料

「くらやみ祭りインタビュー　祭りを支える人々」府中市郷土の森博物館
「伝統を受け継ぐ　馬と祭り」大國魂神社宝物殿
「武蔵府中くらやみ祭ＤＶＤ」府中観光協会　平成 29 年（2017 年）版

絵と文

かぶらぎみなこ

イラストレーター。東京都府中市出身。國學院大学文学部卒業。書籍のほか、絵地図やポスター、ＣＤジャケット、ルポ、挿絵など幅広い媒体で活動中。著書に自らの介護経験を描いたエッセイ『親が倒れた日から、いつかくる…その日まで。かぶらぎさん家のケース』（ＴＯブックス）がある。

【HP】http://www1.u-netsurf.ne.jp/~kabukabu/

1000年以上つづく例大祭

# くらやみ祭ってナンだ？

2019年4月20日　初版第1刷発行
2019年6月20日　　　第2刷発行

著　かぶらぎみなこ

編集　中村徹

デザイン　望月竜馬

発行者　中村徹

発行所　遊泳舎

〒180-0022
東京都武蔵野市境4-1-21　第一平和荘7号室
TEL / FAX　0422-77-3364
URL　http://yueisha.net
E-mail　info@yueisha.net

印刷・製本　株式会社 光邦


Printed in Japan　ISBN 978-4-909842-02-2　C0039